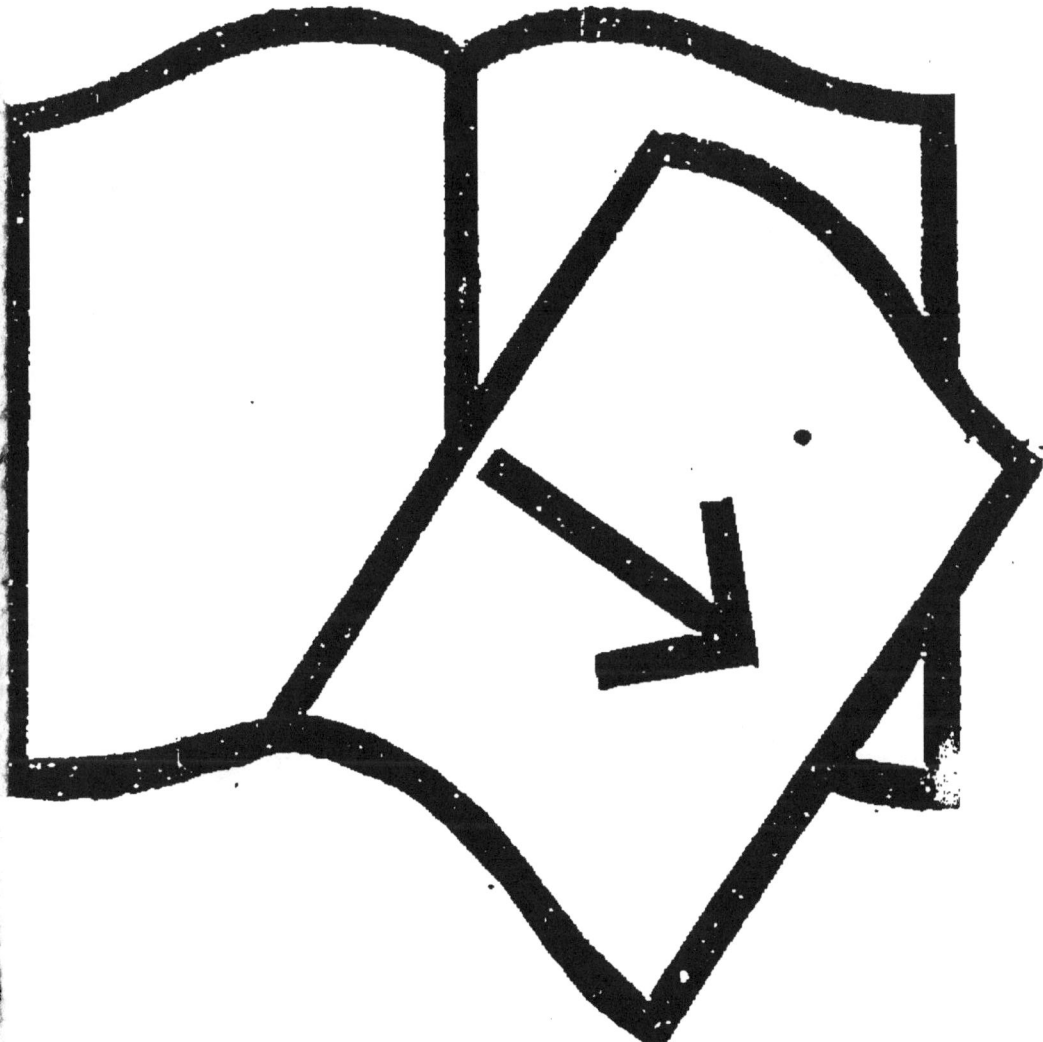

Couverture inférieure manquante

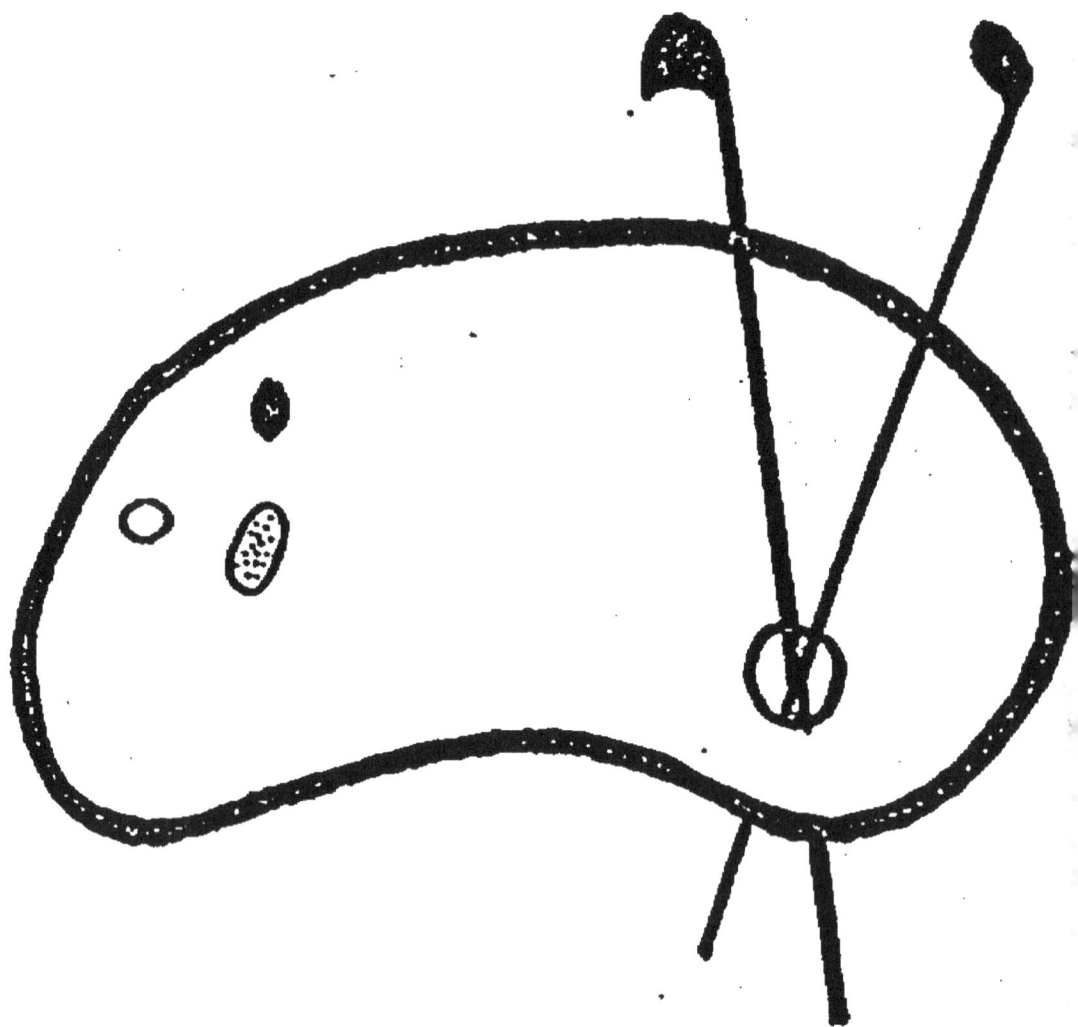

ESSAIS

DE DROIT POSITIF GÉNÉRALISÉ

—

THÉORIE

DU PATRIMOINE

PAR

G. VACHER-LAPOUGE

DOCTEUR EN DROIT

Avocat à la Cour d'appel de Poitiers

———

PARIS

ERNEST THORIN, ÉDITEUR

7, RUE DE MÉDICIS, 7

—

1879

ESSAIS

DE DROIT POSITIF GÉNÉRALISÉ

THÉORIE

DU PATRIMOINE

PAR

G. VACHER-LAPOUGE

DOCTEUR EN DROIT

Avocat à la Cour d'appel de Poitiers

PARIS

ERNEST THORIN, ÉDITEUR

7, RUE DE MÉDICIS, 7

1879

TABLE ANALYTIQUE

———►★◄———

PARTIE GÉNÉRALE
DROIT POSITIF COMMUN RAMENÉ AU DROIT FRANÇAIS

———

LIVRE PREMIER

NATURE DU PATRIMOINE

LIVRE SECOND

ÉVOLUTION DU PATRIMOINE

TITRE PREMIER

COMMENT NAÎT LE PATRIMOINE

TITRE SECOND

COMMENT VIT LE PATRIMOINE

TITRE TROISIÈME

COMMENT MEURT LE PATRIMOINE

PARTIE SPÉCIALE

LÉGISLATIONS D'EXCEPTION, DROIT ROMAIN

TITRE PREMIER

PREMIÈRE ORGANISATION DU PATRIMOINE A ROME

TITRE SECOND

TRANSFORMATION DE L'ORGANISATION PREMIÈRE

TITRE TROISIÈME

DES PÉCULES PROPREMENT DITS

DU PATRIMOINE

PARTIE GÉNÉRALE

DROIT POSITIF COMMUN RAMENÉ AU DROIT FRANÇAIS

LIVRE PREMIER

Nature du patrimoine

CHAPITRE PREMIER.

DÉFINITIONS.

1. *Définition.* — On entend par patrimoine l'universalité juridique des biens d'une personne (1). L'exacte

* La plupart des notions que nous mettons en œuvre sont élémentaires et ne valent que
par la synthèse dont elles sont l'objet. Nous nous dispenserons donc du luxe facile de renvois
nombreux et de citations multiples au sujet de principes qui sont dans toutes les mémoires
et dans tous les ouvrages classiques. Quant à la synthèse elle-même, elle est nouvelle, et
nous ne pourrons guère l'appuyer d'autorités.

(1) Sauf Zachariæ et MM. Aubry et Rau, on n'a guère cherché à définir le patrimoine
d'une manière scientifique : ajoutons que les autres jurisconsultes ont gardé sur la théorie
même du patrimoine un silence unanime, certes peu justifiable. Les Romains ne paraissent
pas davantage avoir fait un corps de doctrine des règles qu'ils appliquaient, mais ils fournissent d'assez bonnes définitions par énumération, notamment celle d'Ulpien dans la l. 49
D., *de verb. signif.*, sous le nom de *bona*, et celle d'Hermogénien dans la l. 222 *eod.*, sous le
nom de *pecunia*. Le nom de *patrimonium* est moins technique, bien que la l. 5 *eod.* prouve
la synonymie. Le terme scientifique est *bona*, dont la racine philologique se retrouve dans
beare, être utile, rendre heureux, rendre riche, et dans *beatus*, comblé de choses utiles,
heureux, riche (Cp. pour *beare*, l. 49, *de verb. signif.*; pour *beatus*, Plaute, *Pœnulus*,
I, 2 : « *Bonam ego quam beatam esse primum dici mavolo* », Sénèque, *Contr.*, l. III :
« *Insolens malum est beata uxor. Quum immensum pondus auri orba attulerit...,*

notion du patrimoine est subordonnée à la détermination précise de chacun des mots employés et de sa valeur scientifique : cette détermination doit donc nous occuper tout d'abord.

2. *Notion de personne.* — La personne, en droit positif, est l'être doué de capacité et de qualités juridiques. Si l'on pouvait matérialiser un instant les liens de droit qui unissent les hommes entre eux et aux choses, la société paraîtrait comme emmêlée dans une sorte de réseau, dont la plupart des nœuds correspondrait à des êtres humains : ces nœuds, ces *centres de droits*, seraient les personnes. De même que, dans les sciences physiques, l'atome matériel peut être saisi et considéré seulement comme centre de forces, de même l'homme, atome social, ne peut être envisagé par notre science que comme centre actif et passif de droits. Il se manifeste uniquement par la personne dont le législateur l'a doué. Mais, d'autre part, la personne étant une fiction du législateur et un bienfait qu'il accorde, il l'attribue selon qu'il lui semble avantageux, et il n'existe point de corrélation nécessaire entre l'existence d'une personne et celle d'un homme : si elle est dans la nature, cette corrélation n'est point dans l'essence des choses.

3. *Suite.* — De ce principe fondamental, fourni par la considération générale des législations positives, — car

quid aliud quam beatæ serviemus! »). Exactement *bonum* veut dire en droit : la chose légalement utile ; et *bona* : l'ensemble des choses légalement utiles. Ce sont des définitions dont nous montrerons plus loin la parfaite justesse. En grec, χράομαι et χρήματα sont dans les mêmes rapports philologiques. Le mot *patrimonium*, au contraire, dont nous avons fait patrimoine, ne désigne que la chose du père, la chose émanant du père : *patri-mon-ium.* C'est ainsi que *testimonium* signifie simplement la chose émanant du témoin. Ce sens restreint de *patrimonium* se rencontre non-seulement dans les classiques littéraires (Cic., *epist.* l. II, 16 ; *pro domo*, 48 ; *de orat.*, l. I, ch. 5), mais encore chez les jurisconsultes (l. 61 D., *de condict. indeb.*, XII, 6 ; l. 38, *fam. ercise.*, X, 2). Il s'accuse de la manière la plus énergique par sa comparaison avec *matrimonium* qui signifie, outre le sens de mariage, fortune maternelle, chose émanant de la mère (Val. Max., VII, 8 ; L. Senec., *de benef.*, l. I, ch. 3 ; M. Senec., *declam.*, l. II, controv. 1 ; Suet., *August.*, ch. XI ; Cp. Brisson, *de verb. signif.*, v° *patrimonium*).

notre étude prend pour base non le droit naturel idéal, mais le droit positif généralisé, — on doit logiquement déduire les conséquences suivantes :

A. *Il peut exister des hommes privés de personne.* — Cette thèse est de pure raison, nous n'en connaissons point d'application, peut-être même n'a-t-elle jamais été appliquée. En droit naturel, tout homme a une personne, et cette règle s'impose si puissamment au législateur qu'il l'applique tout en prétendant la violer.

En vain l'on objecte le droit romain les nombreux textes qui refusent une personne à l'esclave : nous répondons qu'une analyse plus parfaite ne permet point d'admettre comme absolu ce refus de personnalité. Dans les premiers temps de Rome, peut-être, l'esclave n'avait point de droits actifs, mais a-t-il jamais cessé d'être soumis à des droits passifs, aux obligations de la loi pénale tout au moins? Les attentats commis sur lui n'étaient-ils point punis, punis autrement et avec plus de sévérité que les atteintes à un animal domestique? Oublie-t-on les progrès qui rendirent opposables au maître lui-même le droit à la vie, les droits innés déjà sanctionnés par la loi criminelle quand l'infracteur était un tiers? En vain l'on voudrait échapper, se réfugier dans la subtilité des mots, ne tenir pour véritable personne que celle dont les droits sont classés dans la sphère civile : même en ce sens l'esclave possède encore une personne. Nous ne voulons point parler du pécule et de sa gestion, l'esclave fût-il préposé au commerce, ni des contrats qu'il peut passer : on répondrait par l'argument de la personne du maître; nous songeons à l'institution de l'esclave d'autrui, qui peut profiter de la libéralité s'il se trouve être affranchi à temps, nous songeons à celle de l'esclave par son maître : ne faut-il pas admettre nécessairement une personne au moment de l'institution, sous peine de dire que l'on peut instituer des êtres inexistants, et qui, peut-être, ne pourront jamais exister? En instituant son esclave, le maître aurait institué le néant ou lui-même!

Quant à notre mort civil, sa personne subsistait, c'est indéniable. Il pouvait être propriétaire, usufruitier, créancier, débiteur, il pouvait acheter, vendre et prescrire, il pouvait recevoir des donations n'excédant point les limites d'un secours alimentaire. Le proscrit hors la loi, dont certaines législations terribles confisquaient les biens et laissaient ou peuvent laisser encore la vie à qui voulait la prendre, n'était même pas privé de personnalité : car si cet homme eût commis un crime, on l'eût puni sans doute, et puisque nous rencontrons des devoirs, nous ne pouvons nier la personne. Le même raisonnement s'appliquerait aux étrangers fourvoyés chez les nations les plus inhospitalières : jusque dans la Rome primitive, l'*hostis* trouvait ainsi sa personnalité reconnue.

Faut-il parler de l'homme isolé? mais sans société, point de droit positif. Quant aux monstres, on renvoie aujourd'hui le droit romain aux physiologistes, et le Code prussien avec lui (P. 1, t. I, art. 17).

B. *La personne ne s'éteint point d'une manière nécessaire quand meurt l'être humain auquel elle était d'abord attachée.* — Ainsi plusieurs individus peuvent avoir successivement la même personne. La cure, l'évêché sont des personnes morales supportées par les titulaires successifs, dont la série forme d'ailleurs une corporation : c'est pourquoi les Anglais verraient dans l'espèce « a sole corporation » (Blackstone, I, 18). Un exemple bien plus remarquable peut être relevé : la transmission de personne qui s'opère entre défunt et héritiers.

C. *Le même homme peut supporter plusieurs personnes.* — Nous nous étonnons qu'on ait pu contester cette vérité : on n'a pu le faire que par insuffisance d'analyse. Pendant l'existence, cette diversité se manifeste, — au moins à Rome, — par la séparation des gages affectés aux créanciers ; après le décès, elle se manifeste nécessairement dans certains cas : ainsi la personne propre d'un évêque passe à ses héritiers, la mense à son successeur.

D. *La personne peut s'adapter non-seulement aux individus, mais encore aux collections d'individus.* — Ainsi, à l'universalité des habitants d'une commune, d'un département, à l'universalité des membres de certaines sociétés correspondent des personnes civiles. La mission de faire jouer les ressorts de semblables personnes est, en général, confiée à un petit nombre d'agents, voire à un seul : point de grande importance au sujet du patrimoine et de son administration.

E. *Des êtres matériels non humains peuvent être doués de personnes juridiques.* — Pour la commodité des exemples, nous regretterons toujours que Caligula n'ait pas fait son cheval consul. L'Asie nous fournit en revanche, s'il faut en croire les voyageurs, de nombreux dédommagements. Qui veut, chez nous, garantir de la misère son chien fidèle ou son cheval doit faire le legs à un ami sous charge d'entretenir l'animal : dans les régions où le dogme de la métempsycose a façonné les lois, ce détour n'était point requis, et il existe encore des hospices et des hôpitaux d'animaux, possédant de riches dotations en terres, en maisons et en rentes, et même des esclaves (2).

(2) Citerons-nous l'anecdote de l'éléphant blanc et de l'empereur de Birmanie? Chaque éléphant-dieu, dans la presqu'île transgangétique, a un palais, des gens, un apanage et un ministre qui gouverne au nom de ce singulier seigneur. Quand un éléphant blanc est pris, on lui constitue immédiatement un fort pécule. Pareille prise étant survenue pendant la guerre contre les Anglais, il y a quarante ans, l'empereur, à court d'argent, fit présenter à son divin créancier des excuses écrites, et l'engagement aussi écrit de servir les intérêts du présent d'usage, jusqu'au moment où le capital pourrait être soldé. Le paiement, au récit du *Times*, a été fait récemment par ordre de l'empereur à l'agonie. Cette anecdote n'est pas simplement curieuse, elle montre en fort relief une idée juridique admise par six cents millions d'hommes, et par les législations civiles de la Chine, du Japon, autrefois de l'Inde.

D'autre part, si, chez nous, la personne morale nommée fabrique correspond bien à l'universalité des catholiques établis dans la paroisse, et non pas à la masse de pierres surmontée d'un clocher, on peut tout au moins se demander si, à des époques plus barbares et surtout dans l'antiquité, on n'a point quelquefois affecté la personne aux édifices mêmes.

F. *Des personnes peuvent correspondre à des êtres purement métaphysiques.* — Les dieux du paganisme pouvaient chez les Romains et peuvent encore dans plusieurs pays recevoir des donations et des legs ; mais il faut bien dire que, pure fantaisie pour nous, ces divinités étaient pour leurs adorateurs la plus incontestable des réalités. En se plaçant à ce point de vue, chose nécessaire pour comprendre notamment la législation romaine, on doit voir là une reconnaissance de personnalité, non pas au profit d'êtres inexistants, mais au profit d'êtres surnaturels. Justinien, en vertu du même principe, permit d'instituer le Christ, les archanges, les martyrs (c. 26, C., *de sacrosanctis ecclesiis*, 1, 2), règle encore appliquée en plusieurs pays.

4. *Suite.* — Toute personne, sans distinction de catégorie, est susceptible d'avoir un patrimoine. Mais doit-on admettre que toute personne en ait un ? Ce point souffre controverse, et nous aurons à le discuter plus loin, nous aurons à chercher si elle ne peut pas préexister au patrimoine, et celui-ci ne venir jamais, ou venir, puis périr le premier.

En revanche, de notre définition du patrimoine sort une conséquence nécessaire : il ne peut exister sans personne. Comment imaginer, en effet, sans se perdre dans la fantaisie, un droit suspendu dans le néant, ne se rattachant à rien ? L'existence d'une personne est la condition nécessaire pour que ce droit existe : à plus forte raison pour qu'il existe un patrimoine.

5. *Notion de biens.* — On entend par biens toutes choses appropriables considérées au point de vue de leur utilité juridique.

Le mot chose a une étendue absolue ; réel ou fictif, il n'est rien d'imaginable qui ne soit une chose, l'imaginable même en est une. Le mot bien, au contraire, a un sens plus restreint, et s'applique aux seules choses remplissant certaines conditions. Déjà dans la langue littéraire, cette restriction est facile à saisir, mais elle prend pour seule mesure la convenance naturelle : notre science exige en plus une certaine aptitude à l'appropriation. Toute chose dont l'utilité n'est pas susceptible d'être accaparée au profit d'une personne, individuelle ou collective, et à l'exclusion des autres, ne constitue pas un bien dans le sens juridique. C'est, en définitive, l'aptitude légale à être objets de droits qui caractérise les biens ; la raison de convenance intrinsèque ou d'utilité lui cède le premier rang.

6. *Suite.* — Ce caractère relève du législateur, donc la notion qui en résulte est un peu artificielle. On pourrait presque voir dans les biens des créatures légales, tantôt superposées à des choses existant dans l'univers, tantôt pures fictions de l'esprit, mais leur nature est moins factice que celle des personnes, l'abîme se creuse moins profond entre les idées de bien et de chose qu'entre celles de personne et d'homme. C'est qu'en effet on crée des choses avec la pensée, et par là tout bien correspond à une chose, si toute chose ne correspond pas à un bien ; toute personne au contraire ne correspond pas à un homme, ni théoriquement tout homme à une personne.

L'idée de bien arrive ainsi à se dématérialiser, elle représente une abstraction, comme les quantités en mathématiques. De là une critique fort juste de MM. Aubry et Rau : les objets, remarquent-ils (§ 162), sont

meubles ou immeubles, les biens ne le sont pas. De même
pourrait-on dire des choses qu'elles sont corporelles
ou incorporelles, mais tous les biens incorporels. Une
maison, en tant que chose, est un assemblage de
pierres, de ferrements et de boiseries, formant comme
un appendice du sol ; en tant que bien, elle est une
valeur de dix, de vingt mille francs. Prenons un autre
exemple : un cheval, pour le naturaliste, est un individu de l'espèce *equus caballus*, pour le chimiste, c'est,
en dernière analyse, tels poids d'oxygène, d'hydro-
gène, de carbone et d'azote; pour le jurisconsulte, c'est
une valeur de cent francs ou de mille.

La conséquence directe est celle-ci : tous les biens
sont de même nature, si différents que puissent être les
objets matériels. Le patrimoine ne comprend pas des
maisons, des champs, des bestiaux, des objets mobiliers; il comprend des biens, des choses immatérielles
correspondant à toutes ces choses matérielles, et qui
en sont le reflet dans le monde juridique.

7. *Notion d'universalité juridique.* — On entend par
universalité juridique un ensemble de biens considérés
en droit comme formant une seule et même unité.

L'idée d'unité collective est une de celles dont l'application est continuelle. Dans le monde matériel, nous ne
pouvons rien saisir qui soit simple, car les atomes se
supposent, mais ne se saisissent pas. Le moindre grain
de poussière est une agrégation de molécules, notre
corps lui-même est un pareil assemblage. Les œuvres
de nos mains sont toutes composées. Partant de ce fait,
on pourrait dire que tout est universalité, juridique parfois, mais toujours naturelle. En pratique, cependant,
on ne se livre pas à cette analyse rationnelle; on dit
bien d'un troupeau qu'il forme une unité collective, mais
on ne le dirait pas d'un mouton ; on regarde comme
simple ce qui sert à composer l'unité d'ordre supérieur.

En droit, tout est bien différent. On ne s'occupe point, nous l'avons dit, des choses elles-mêmes. Qu'importe, dès lors, leur caractère complexe ? On les voit sous un seul jour, comme biens, et la raison nous dit que dès lors on les voit simples. Les biens ne sont pas plus complexes qu'ils ne sont meubles ou immeubles. En revanche, ils peuvent être réunis eux-mêmes par la loi en unités collectives, et c'est ainsi que s'engendre la notion d'universalité juridique. Tels sont le patrimoine, la plus vaste possible des unités de ce genre, l'hérédité, c'est-à-dire le patrimoine après la mort de l'individu qui portait la personne; tels sont aussi les ensembles de biens soumis au retour successoral, ou composant un majorat. La loi seule peut d'ailleurs créer de ces universalités : les différentes têtes d'un troupeau forment bien une collection naturelle, mais le plus souvent le législateur ne s'attache pas à cette considération, et il est rare qu'il traite le troupeau comme il ferait d'une universalité juridique. De même une bibliothèque, une galerie d'œuvres d'art, l'outillage d'une usine sont regardés comme ensemble de choses, mais non comme ensemble de biens, et la conséquence pratique à en tirer, c'est l'absence de subrogation entre les éléments d'une collection semblable et leur prix en cas de vente.

8. *Autres définitions du patrimoine.* — La définition la plus exacte du patrimoine est celle que nous avons donnée, mais les auteurs emploient souvent une définition différente. Le patrimoine, pour eux, c'est l'universalité des droits d'une personne. Cherchons donc la valeur scientifique de cette formule, et ses rapports avec la première.

Il y a deux sortes de droits, les droits réels et les droits personnels. Les premiers partent d'une personne, touchent une chose, et se retournent contre toutes les autres personnes. Les seconds au contraire frappent directement une personne, et ne touchent un bien qu'au travers d'elle. Dans tous les cas, une qualité spéciale vient affecter personnes et biens. Les qualités de propriétaire, de créancier, soit d'une chose, soit d'une quantité, soit d'un fait, s'attachent au sujet actif, les qualités de débiteur, d'obligé au respect de la propriété s'attachent au sujet passif; le bien lui-même a sa qualité, il est soumis à la propriété, à l'usufruit, à la créance de tel ou de tel. Voilà ce que montre en réalité l'analyse. Mais on a donné un corps au rapport de ces personnes et de ces biens, les jurisconsultes romains ont écrit *juris vinculum*, et cette image bien trouvée a fait fortune. Ces attaches qui vont des personnes aux biens et des biens aux personnes, ces liens se voient en quelque sorte par l'imagination. A côté des qualités réelles, mais moins facilement imaginables, des personnes et des biens, s'est donc créée une notion fictive qui, dans la langue de la théorie comme dans celle de la pratique, a fini par l'emporter.

Prenant en quelque sorte le chemin pour l'endroit où il conduit, on imagina ainsi la définition que nous examinons. Les biens ne tombent dans le patrimoine que par suite du lien qui les unit à la personne, par suite du droit qui leur sert d'attache. Le faisceau des liens qui rayonne autour de la personne, la reliant aux autres personnes et aux biens, fut dès lors appelé patrimoine.

Cette définition pèche, et de diverses façons. D'abord elle est inexacte, elle suppose l'universalité constituée avec des éléments qui n'y rentrent pas, et n'y fait pas rentrer ceux qui la constituent en réalité. Le patrimoine n'a rien de commun avec les droits, mais se compose des biens, et ceux-ci sont distincts de ceux-là comme un prisonnier l'est de sa chaine. La définition ne s'applique donc pas à ce qu'elle prétend définir, et tend à induire en erreur.

Second défaut, tout aussi grave. La définition n'est pas claire : se servir du mot « droits » en définissant, c'est risquer d'égarer ses lecteurs, tant ce mot présente d'amphibologies. Indépendamment du sens de *vinculum juris*, et des sens trop éloignés pour être confondus avec lui, il existe toute une série d'acceptions voisines de celle qui nous occupe. Insistons un instant. On dit tous les jours : « L'interdit n'a pas le droit d'acheter, de vendre » ; on tire d'un article du Code la preuve que l'étranger a « le droit d'avoir des immeubles français ». On parle aussi du droit de réunion, du droit d'association. Ces locutions sont correctes, les jurisconsultes les emploient comme le vulgaire ; ce qu'elles visent rentre-t-il cependant dans l'objet défini? Non, il ne s'agit pas de liens juridiques, mais de capacité; ce n'est pas le patrimoine qui est en jeu, c'est la personne!... De même, quand on dit d'un chef d'État qu'il a le droit de sanction, le droit de convoquer les électeurs, il ne s'agit encore que d'une question de capacité et point d'un *vinculum juris*.

Un troisième vice de la définition, c'est qu'elle se tire d'une figure, tandis que la nôtre repose sur des réalités. Les biens ont une existence intrinsèque, les droits ne sont que de purs rapports moraux, des relations entre les deux catégories fondamentales d'êtres juridiques, les personnes et les biens, en dehors desquels il n'y a rien. Nous démontrerons que la personne peut exister sans droits; nous en prenons le seul bon sens à témoin, il existe aussi des biens sur lesquels aucun droit n'a de prise, les perles dans l'Océan, les diamants dans les champs de l'Afrique Australe, objets qui sont des biens en eux-mêmes, s'ils ne le sont pas encore par rapport à des individus donnés. Personnes et biens ont donc une existence intrinsèque; ils sont par eux-mêmes, s'appuyant d'ordinaire sur des choses concrètes. Les droits, au contraire, nous l'avons vu, ont surtout pour fondement une métaphore assez éloignée de la vérité, et l'existence même que cette figure leur donne est d'emprunt.

Doit-on proscrire la définition qui mérite ces reproches? En théorie, certes! mais en pratique ses défauts mêmes sont des avantages. Des choses très-abstraites sont matérialisées, tombent directement sous les sens. « Universalité juridique des biens d'une personne » est une formule mathématique de précision, mais dont l'intelligence ne laisse pas d'être laborieuse. Si nous définissons au contraire le patrimoine « le faisceau des liens qui rayonnent autour de la personne, la reliant aux autres personnes et aux biens », la formule acquiert un relief plastique qui permet de la mieux saisir. Aussi, peut-on s'en servir dans tous les cas où on n'a pas besoin d'une précision plus grande, et la notion qu'elle fournit sera bien souvent suffisante. A plus forte raison, ne doit-on pas critiquer les jurisconsultes qui, en matière de patrimoine, parlent des droits qu'il renferme : nous-mêmes nous ne craindrons point d'employer ce langage.

En dehors des deux notions du patrimoine que nous avons étudiées, MM. Aubry et Rau en utilisent souvent une troisième, et les conséquences en sont trop graves pour qu'on puisse la passer sous silence. Sa formule termine la note 6 du § 573 : « Le patrimoine d'une personne est sa puissance juridique considérée d'une manière absolue, et dégagée de toutes limites de temps et d'espace ». Quant aux applications, citons les plus importantes. « Le patrimoine », disent les auteurs à cette même note, « comprend non-seulement *in actu* les biens déjà acquis, mais encore *in potentia* les biens à acquérir ». — « Toute personne », disent-ils à la section IV du même paragraphe, « a nécessairement un patrimoine, alors même qu'elle ne possèderait actuellement aucun bien ».

Laissons ces conséquences pour les étudier à telle place qu'il conviendra logiquement, et occupons-nous du principe. L'intelligence en est difficile, en présence surtout de deux autres formules se rapportant à la même conception et concordant mal entre elles. Suivant l'une, « le patrimoine est, dans sa plus haute expression, la personnalité même de l'homme, considérée dans ses rapports avec les objets extérieurs sur lesquels il peut ou pourra avoir des droits à exercer ». Suivant l'autre, « le patrimoine est une émanation de la personnalité, et l'expression de la puissance juridique dont une personne se trouve investie comme telle ». Ou le patrimoine est une émanation de la personnalité, ou il est la personnalité même, à moins qu'il ne soit ni l'un ni l'autre : seulement, à coup sûr, il ne peut pas être les deux à la fois.

Mais passons. Au fond, cette troisième conception du patrimoine aboutit à en faire une face de la personne, à l'incorporer dans celle-ci, à l'annihiler en un mot comme être distinct. Cela ne nous semble pas pouvoir être admis. La personne présente bien, incorporées en elle-même, les qualités de propriétaire, de créancière de tel ou tel objet, mais l'ensemble des qualités de ce genre ne saurait se qualifier patrimoine, car alors comment appeler l'ensemble extérieur des biens ? Il existe cependant, et il faut le nommer, à moins que par un tour de force métaphysique on ne refoule les biens eux-mêmes dans la personne, sous prétexte qu'ils sont l'expression d'un rapport d'appropriation entre elle et les objets matériels extérieurs. Nous savons bien que les jurisconsultes ont pour mission de donner de la profondeur aux législateurs, comme les historiographes donnent de l'esprit aux grands, mais nous trouvons déjà suffisamment idéalisée la théorie du patrimoine.

Il est possible de comprendre d'une autre manière l'incorporation du patrimoine dans la personne que suppose la conception étudiée. Le patrimoine, au lieu d'être l'ensemble des qualités acquises de créancier et de propriétaire, serait la capacité même d'acquérir ces qualités. L'identification serait alors complète.

Si les formules employées par les auteurs sont assez dissemblables pour laisser subsister un doute, on ne peut nier que cette explication de leur pensée soit, tout bien pesé, la plus vraisemblable. Mais alors la confusion d'idées à laquelle on est conduit est si dangereuse, qu'on doit rejeter une telle conception du patrimoine avec plus d'énergie encore. Pour nous, la capacité est distincte des biens, êtres placés en dehors d'elle, et sur lesquels elle acquiert des droits ; elle est si distincte du patrimoine qu'elle le crée, comme nous le verrons plus loin ; entre les deux il y a relation de chose productrice à produit.

CHAPITRE II.

ANALYSE DU PATRIMOINE.

9. Nous savons ce qu'est le patrimoine, mais sa définition ne nous suffit pas pour avoir une notion complète : nous avons seulement rendu possible une analyse plus profonde. Le patrimoine est l'universalité des biens, mais quelques-uns n'en sont-ils pas exclus ? et lesquels ? L'accord est loin d'exister, et une série de recherches nous permettra seule de prononcer avec sûreté.

« En pure théorie, disent MM. Aubry et Rau (§ 573), le

patrimoine comprend tous les biens indistinctement, et notamment les biens innés et les biens à venir. Le droit français s'est conformé à cette théorie en ce qui concerne les biens à venir... Mais il s'en est écarté en ce qui touche les biens innés. Tout en considérant comme des parties intégrantes du patrimoine les actions auxquelles peuvent donner ouverture les lésions causées à de pareils biens, notre droit n'y comprend cependant pas ces biens eux-mêmes, tant qu'ils n'ont pas éprouvé quelque lésion. Il y a mieux : les droits de puissance envisagés comme tels, et indépendamment des avantages pécuniaires qui peuvent y être attachés, ne sont pas non plus, d'après notre Code, à regarder comme faisant partie du patrimoine ».

Il nous faut examiner la question des biens innés et celle des droits de puissance, puis celle des droits futurs. Enfin nous traiterons du passif, et de sa place dans le patrimoine ou à côté.

10. *Biens innés.* — Les biens innés ont pour caractère d'être indissolublement attachés à l'individu. Ils naissent avec lui, vivent avec lui, meurent avec lui, ou, pour mieux dire, c'est en lui qu'ils résident. Tels sont la vie, l'honneur et la liberté.

La langue vulgaire les appelle des biens, et, à coup sûr, ils en sont dans le sens qu'elle donne à ce mot; mais, pour le jurisconsulte, devraient-ils en être? La solution négative admise par les législateurs est-elle ou non contraire au droit naturel? Est-elle conforme aux principes du droit positif généralisé, cet autre droit naturel?

Intimement unis à l'individu, et se confondant avec lui, les biens innés ne peuvent être considérés comme des objets de droits, ils n'ont pas d'existence intrinsèque. La loi peut reconnaître comme biens des choses de pure fiction, cela est vrai, mais encore faut-il que la nature

2

ne s'y refuse pas, et dans l'espèce elle s'y refuse. La vie, l'honneur, la liberté sont si peu des objets de droits, des biens affectés à une personne, que la personne elle-même est affectée, au contraire, à l'individu pour la protection de ces dons fondamentaux. L'individu a une existence antérieure et supérieure à celle de la société; celle-ci a été faite, avec ses codes, ses tribunaux et ses gendarmes, pour aider au développement de celui-là, pour le protéger. La capacité juridique et les qualités légales ont été créées dans ce but; elles tendent à donner à l'homme toute la puissance que lui permettront d'atteindre ses facultés naturelles et le concours des circonstances, et les biens sont des instruments de développement et de satisfaction physique et morale, non une fin par eux-mêmes.

Les auteurs que nous avons cités semblent reprocher aux législateurs d'avoir violé une loi naturelle en ne rangeant pas les biens innés dans le patrimoine. Nous estimons, au contraire, qu'ils en auraient violé une s'ils avaient agi autrement.

Veut-on d'autres motifs démontrant que les biens innés ne peuvent être des biens? Après le droit naturel, le droit positif nous en donne. Les biens innés n'offrent point les caractères exigés pour classer une chose au rang des biens : ils ne sont ni utiles, ni appropriables. En vain l'on se récrie, et l'on dit : « Comment! la vie n'est pas utile? la liberté ne l'est pas? » Il faut répondre hardiment que non. Utile, c'est ce qui sert à une fin, *utile quo utimur*, et, loin d'être des instruments, la vie et les autres biens internes sont des fins : encore une fois, ces biens ne servent pas, c'est la personne, c'est le patrimoine qui leur servent. Quant à l'appropriation, il serait puéril de soutenir qu'elle est possible, en se fondant sur ce fait que, par leur nature même, les biens innés sont toujours l'apanage de quelqu'un. On ne peut com-

prendre un homme créancier de sa vie, propriétaire de
sa liberté; parler ainsi serait vraiment abuser du langage. Dans toutes les langues, il est vrai, on dit : « Mon
existence, mon corps, mes yeux »; mais ces locutions
n'impliquent pas l'idée d'appropriation; elles veulent
dire que la chose qualifiée est dans celui-là même qui
parle. La différence éclate si l'on pousse plus loin l'analyse. La qualité d'être appropriable n'est point suffisamment manifestée par un rapport forcé, comme ceux dont
nous nous occupons. Elle doit être absolue et non relative. La pierre que je ramasse au bord de la mer est
appropriable; elle peut être le bien de Pierre ou de Paul
comme le mien, et tour à tour celui de nombreuses personnes; elle peut même être appropriée à la fois à plusieurs. Toute chose qui n'est point susceptible d'être
ainsi indifféremment à l'un ou à l'autre peut être propre,
mais à coup sûr elle n'est pas appropriable.

C'est donc avec grande raison, à tous les égards, que
les législateurs ont mis les biens innés hors du patrimoine et hors du commerce ; c'est avec raison qu'ils
proscrivent tous les contrats où ils sont mis en jeu, et
qui en feraient des objets de droit. Seuls les peuples
dans l'enfance ou en pleine décadence, cette autre
manière d'être enfant, ont quelquefois permis les contrats sur la vie et surtout la liberté : ce sont des aber-
rations plutôt que des exceptions ; il faut y voir des
phénomènes relevant, en fait de science, de la seule
tératologie du droit.

11. *Suite.* — Si les biens innés ne font point partie
du patrimoine, leur lésion, les offenses physiques ou
morales infligées à l'individu, donnent naissance à des
recours contre l'offenseur, et de véritables biens sont
ainsi acquis. Blesser un homme et blesser un cheval
aboutissent, à ce point de vue, à des résultats très-
voisins : c'est le médecin à payer dans un cas; le vété-

rinaire dans l'autre, c'est toujours la moindre utilité future dont il faut indemniser sur-le-champ. Les lésions faites à l'individu, la destruction ou la diminution d'un bien se liquident ainsi en espèces sonnantes ; mais, dans le premier cas, il y a entrée pure et simple d'un bien nouveau dans le patrimoine qui en est accru; dans le second, il s'accomplit une subrogation, et l'étendue du patrimoine n'est pas changée. Les deux hypothèses se distinguent d'ailleurs nettement à d'autres points de vue : dans l'une, l'indemnité naît au profit de la personne lésée, dans l'autre à celui de la personne propriétaire de l'objet lésé.

12. *Droits de puissance.* — Sous ce nom, les auteurs ont compris bien des choses, et il convient de procéder avec rigueur à l'analyse des éléments absolument disparates confondus sous cette commune appellation.

La puissance dominicale, tout d'abord, est simplement la propriété. Que nous regardions les textes du *Corpus* ou ceux du Code noir de Louis XIV, il est impossible de voir entre le maître et l'esclave d'autre rapport que celui de personne à chose, et il y a trente ans encore on pouvait dire : « Il y a des hommes qui n'en sont pas, même à l'ombre du drapeau de la France ». Bien qu'il eût une personne, comme nous l'avons prouvé pour le droit romain et comme la Cour de cassation l'admettait en droit français (Ch. crim., 8 fév. 1839, Sir., 39, 1, 612), l'esclave était une chose avant tout, chose utile, appropriable et rentrant dans le patrimoine. Les droits de puissance, quant à lui, n'avaient rien qui diffère de ceux établis sur un cheval, une maison ou un champ.

La puissance paternelle est moins simple, et les siècles l'ont profondément modifiée à plusieurs reprises. A l'origine de Rome, elle ne diffère pas sensiblement de la puissance dominicale. La *manus*, le *mancipium* sont d'irrécusables monuments d'une organisation familiale où la femme était esclave, et l'enfant son fils, esclave comme elle. Rien d'ailleurs n'est plus naturel dans un monde barbare et guerrier, où chaque jour voyait quelque bourgade conquise et ses habitants réduits à être les esclaves des nouveaux arrivants : or tels furent probablement le sort de Rome et l'origine de l'organisation bizarre dont l'histoire nous la montre d'abord pourvue.

Mais il fallait bien que la nation conquérante se perpétuât : aussi les enfants nés des vainqueurs et des vaincues furent-ils citoyens comme leurs pères, tout en restant comme les esclaves de ceux-ci. Cette confusion persistante de la puissance paternelle et de la puissance dominicale explique seule la persistance du *mancipium*, véritable vente des enfants par leur père (3). Seulement chaque jour apportait une atténuation à un principe logique à l'origine, mais révoltant après de longues générations. Aussi une seconde idée, contemporaine de celle de propriété et d'abord étouffée par elle, se fait jour lentement. Les conquérants se sont partagé à l'origine la terre, les bestiaux, les esclaves, les choses conquises, *mancipia* : chacun d'eux a reçu son lot, dont aucun objet ne peut être distrait sans le consentement de la nation, consentement dont la

---

(3) Toutefois, ce régime est loin d'être exclusivement romain. Établi par les Kymris en Gaule, il fut transporté par leurs émigrants en Asie-Mineure. Les témoignages cités partout de César et d'Isidore de Séville nous dispensent d'insister. Mais il est très-possible que l'organisation d'un tel régime chez les peuples Gaulois ait eu précisément pour cause historique le fait indiqué au texte pour les Romains. Les légendes parlent de l'armée de Hu le Puissant, non de son peuple, et le conquérant pourrait bien avoir été simplement le modèle, en très-grand, de Romulus ; certains caractères anthropologiques de la race sortie du croisement fournissent un sérieux argument en ce sens. La même raison expliquerait plusieurs points de la législation scandinave, qui laisse bien derrière elle comme étrangeté celle de Rome. Jamais Rome ne semble avoir connu ni *giptaman* ni *fastnandi*, ni cette persistance tellement grande de l'autorité virile qu'à l'instar du père mariant sa fille, le fils marie sa mère veuve et reçoit un prix. Peut-être la solution de ces problèmes d'histoire du droit devrait-elle aussi être cherchée dans la commune origine des institutions, et dans les coutumes descendues avec les Aryas des vallées du Caucase Indien.

mémoire est conservée dans les formalités de la mancipation. En même temps, chacun a reçu une part déléguée de la puissance publique, une magistrature domestique, omnipotente comme le droit de propriété, mais qui devait lui survivre quant aux membres de la famille. Cette magistrature, d'abord pure garantie politique et policière, prenant plus tard un caractère civil et plus doux, devint petit à petit l'idée prépondérante en fait de puissance paternelle.

Sous Justinien, le *mancipium* disparaît d'une manière définitive, même sous la forme de *noxœ deditio*. La *sanguinolentorum venditio*, née de l'affreuse détresse d'une civilisation agonisante, subsiste bien, mais son fondement n'est point dans l'idée de propriété. C'en était absolument fini des droits de puissance analogues à ceux étudiés sur l'esclave. Tout au plus peut-on rattacher encore à ce principe, par un rapport indirect, le droit de jouissance sur les biens de l'enfant; mais ce droit ne porte pas sur l'enfant lui-même, qui n'est point un objet, et ne fait pas partie d'un patrimoine.

De Justinien jusqu'à nos jours, les droits de puissance sont réduits à deux catégories : magistrature domestique et jouissance. Le droit d'éducation, le droit de garde, le droit de revendication appartiennent à la première catégorie. Certes aussi le droit de correction n'est pas chez nous autre chose qu'une fonction déférée par la loi, et, de cas échéant, retirée par elle. Si l'on objecte que le père peut renoncer à punir, ce que ne peut le magistrat, nous répondrons que le père est investi du pouvoir d'amnistier, mais qu'il ne saurait renoncer d'avance au pouvoir de punir. Tous les droits relevant de l'idée de magistrature n'ont aucun rapport avec le *vinculum juris;* le nom seul est commun. Quant aux droits de jouissance, c'est autre chose. Ils ont la plus grande analogie avec celui de l'usufruitier, et comme lui font entrer dans le patrimoine de la personne qui jouit un bien dépendant, à tous autres rapports, d'un patrimoine étranger.

La puissance maritale a suivi la même évolution que la puissance paternelle. A l'origine, la femme fait partie de l'espèce de cheptel raisonnable que le partage des choses conquises a attribué à chaque vainqueur. *Familia*, dans son sens primitif, parait avoir exprimé la part en esclaves, *famel, famulus*, dévolue aux guerriers à la suite des guerres entre peuples voisins, pendant le temps demi-historiques de l'Italie. La femme, faisant partie de la *familia*, fait partie du patrimoine. Plus tard, la *manus* changeant de caractère, la notion de propriété sur une chose *mancipi* est remplacée par la notion de magistrature domestique, et chez nous le père de famille peut être aussi considéré comme magistrat avant tout, et investi de certains pouvoirs et d'une certaine autorité dans le but de sauvegarder les intérêts de la société d'un côté, et de l'autre les intérêts des siens. Aussi doit-on regarder, en général, les droits civils du mari comme sans rapport avec le patrimoine.

13. *Des véritables biens.* — Après le travail d'exclusion qui nous a permis de délimiter les véritables biens, il est possible et convenable d'étudier ceux-ci en eux-mêmes d'une manière plus sérieuse que nous avions pu le faire en définissant.

Nous n'insistons pas sur la question de matérialité des objets de droits. C'est une théorie fort ancienne et relativement exacte que leur division en corps, en faits et en abstentions. La première catégorie, évidemment, contient seule des objets matériellement existants, et les autres donnent des bases fictives aux biens qui leur correspondent. Le vrai point à étudier dans cet ordre d'idées, c'est la question des quantités et celle des objets futurs.

Vous convenez de me donner vingt mesures de blé : c'est un bien que notre convention fait entrer dans mon patrimoine. Mais sur quoi s'appuie-t-il dans le monde réel ? Seul, le temps en décide ; c'est l'exécution qui donne une base matérielle au bien créé par la convention, et on peut dire que si, en fin de compte, la nature des conventions de ce genre est d'aboutir à rattacher des biens d'abord artificiellement créés à des objets réels, il faut tenir peu de compte d'une telle union, se faisant, pour ainsi dire, *in extremis*, et durant un simple instant de raison. Dans les créances de quantité, le bien s'appuie donc sur une fiction, et au lieu de dire qu'il repose sur des corps dont l'individualité est encore incertaine, mieux vaudrait presque lui donner pour base un fait, l'acte de payer tant d'objets.

Pour les objets futurs, il est sûr que le bien ne s'incorpore pas dès l'origine. Il reste flottant, pendu au bout d'un droit : plus tard, quand la chose naît, il s'attache, se confond avec elle. Indépendamment des liens qui ne peuvent jamais reposer sur rien de réel, en voilà donc qui parviennent fort tard à s'incorporer. On pourrait, à la rigueur, dire que le droit devance la marche du temps, qu'il tient pour existantes des choses encore enserrées dans les limbes de l'avenir. Mais, à quoi bon tant de subtilité, tant de philosophie et de rhétorique ? À rien, certes ! On ne dira pas, en effet, que l'on efface par là l'essentielle différence des biens et des choses matérielles, car, cette hypothèse réservée, il s'en trouverait encore d'autres où la différence continuerait à s'accuser sans remède.

S'il convient de faire ainsi une juste place à l'artificiel en matière de biens, il ne faut pas non plus pousser cette tendance à l'extrême. La règle que nous posons a son fondement dans la nature du droit positif, factice assez volontiers, mais toujours enchaîné par la raison. On devra chercher à l'appliquer dans les hypothèses où l'objet d'un droit parait être lui-même un droit : dans la plupart des cas, le véritable objet, c'est l'objet du droit premier en date. Ainsi, supposons l'usufruit d'un usufruit, le bien est représenté par l'immeuble grevé, non-seulement quant au premier usufruit, mais encore quant au second.

14. *Suite.* — Pour qu'une chose soit investie par le droit du titre de bien, il faut qu'elle soit utile et appropriable : nous avons, chemin faisant, trouvé déjà des applications de ce principe, le temps est venu de le développer.

L'utilité s'estime par la valeur ; aussi, en droit, tout n'est pas réputé utile. Ainsi la lumière du soleil, sa chaleur, n'étant cotées ni au marché ni en bourse, n'ont rien de commun avec notre science. Les principes de toute vie sont ainsi retranchés de l'ordre juridique des biens, et cet exemple prouve combien la qualité d'utile est subordonnée à celle d'appropriable. Toute chose appropriable a une valeur, est utile, mais il ne suffit pas qu'une chose soit utile pour qu'elle ait une valeur.

La valeur elle-même se calcule d'une manière particulière. Tels objets qui valent beaucoup pour l'un ne valent quelquefois guère pour l'autre ; il y a des valeurs d'utilité pratique, d'affection, de curiosité. Les premières ne changent pas sensiblement d'une personne à une autre. Les secondes et les troisièmes présentent au contraire d'étonnants disparates. Les croûtes grimaçantes et de tons criards qu'un brocanteur achète vingt sous peuvent lui être achetées le lendemain mille francs, dix mille par un survenant qui s'estimera heureux d'avoir acquis à ce prix un portrait de famille, ou le portrait unique d'un personnage fameux. Une même chose peut ainsi avoir deux valeurs, mais on ne doit prendre en considération que la valeur vénale. On arrive à ce résultat curieux : dans le patrimoine d'un brocanteur sûr de vendre son tableau mille francs, ce bien vaut mille, il ne vaudra qu'un aussitôt après la vente. C'est que les valeurs d'affection entrent en compte à un seul point de vue : quand la chose est encore entre les mains de celui qui ne lui attache pas de prix, elle vaut beaucoup, car demain elle sera achetée cher ; quand elle est venue au pouvoir de celui qui lui attache une valeur d'affection, elle tombe à zéro, car, désormais, voulût-il la vendre, il ne trouverait point preneur. Les valeurs de curiosité subissent de semblables fluctuations, mais d'autant plus restreintes que le marché est plus grand. Des prix courants finissent, en effet, par s'établir, et les diamants qui n'atteignent pas une trop grosse dimension, les pierreries, les médailles, les céramiques ont un prix de convention un peu stable, d'ailleurs toujours beaucoup supérieur à l'utilité pratique des objets : le bien a cette valeur dans le patrimoine.

Le caractère d'appropriation, indépendamment de sa réaction sur le premier caractère, entraîne diverses conséquences pratiques et donne naissance à des indices secondaires auxquels peuvent se reconnaître les biens de nature à entrer dans le patrimoine.

Ainsi ces biens sont, en général, cessibles entre-vifs, transmissibles par succession. C'est une conséquence de la règle que l'appropriation est une qualité absolue, et non pas relative et susceptible d'exister seulement par rapport à tels ou tels. De même que le bien pourrait à l'origine échoir à n'importe qui, de même il peut être transmis à n'importe qui ! Le législateur admet cependant, peut-être, des biens intransmissibles, notamment l'objet d'une créance d'aliments ; mais la liste en serait fort courte. A mesure, en effet, que l'on s'éloigne de l'hypothèse citée, on s'aperçoit que l'intransmissibilité résulte d'une qualité de la personne ou du droit, et non de la chose. Prenons pour exemple un immeuble objet d'usufruit. L'immeuble est un bien par rapport à un tel, usufruitier, et un tel, propriétaire; il grossit à ce titre deux patrimoines, par la décomposition et la répartition de la valeur. L'usufruit ne se transmet point par succession. Est-ce à dire que l'immeuble soit intransmissible? en aucune façon, mais le droit lui-même et la personne sont dans un tel rapport que, du moment où périt l'individu porteur de la personne, le bien juridique se rompt et s'évanouit. Pour la créance d'aliments, on pourrait, à la rigueur, faire le même raisonnement que pour l'usufruit, mais on ne pourrait conclure avec sûreté : dans cette hypothèse, en effet, l'objet, création fictive du législateur, disparaît avec le droit, au lieu de persister comme un immeuble. Veut-on maintenant un exemple où la transmission est empêchée d'une manière relative par la qualité d'une personne? Nous citerons, en droit romain, l'espèce de l'esclave chrétien, qui ne pouvait être transmis à un juif, par suite de la qualité de ce dernier.

L'appropriation a un corrélatif; la renonciation. On peut renoncer aux biens qui font partie du patrimoine, les en exclure, non-seulement par transmission, mais d'une manière pure et simple. Alors les biens, sans cesser d'être des biens en eux-mêmes et d'une manière absolue, n'en sont plus pour personne, c'est-à-dire d'une manière relative, jusqu'à nouvelle occupation.

15. *Suite.* — Les droits innés, les droits de puissance, si importants qu'ils puissent être, ne feront jamais dire qu'une personne est riche : la propriété, les créances, au contraire, arrivent à ce résultat. On peut n'être ni père ni mari sans cependant être pauvre; celui qui n'est ni créancier ni propriétaire ne peut guère décliner ce titre. De même, une lésion faite à notre corps, une mutilation ne nous appauvrit pas. On peut tirer de là une notion des biens qui n'est pas scientifique, mais rachète ce défaut par son énergie et par sa limpidité. Les biens, tels qu'on les entend en matière de patrimoine, sont ceux dont l'accumulation fait la richesse, et le défaut la pauvreté.

16. *Suite.* — Un autre corollaire. En considérant une chose comme bien, on la dépouille de ses qualités affectives, et on la regarde comme une valeur susceptible d'expression numérique. Dès lors, le patrimoine lui-même peut s'envisager comme une somme mathématique, et par là s'expliquent des transformations destinées à être étudiées bientôt, et qui ont leurs analogues en mathématiques comme en physiologie.

17. *Des biens futurs.* — Envisagés au point de vue du temps, les biens sont passés, présents ou futurs. Au premier abord, il semble certain que les biens passés et les biens futurs ne peuvent faire partie du patrimoine présent : aujourd'hui n'est pas hier, ni demain ! Cependant, comme nous l'avons vu, MM. Aubry et Rau trouvent louables les législateurs qui rangent dans le patrimoine les biens à venir. Nous voulons démontrer le contraire, et ensuite que le législateur français n'a point appliqué cette idée bizarre.

18. *Suite.* — Pour MM. Aubry et Rau, il est assez facile d'arriver à la thèse qu'ils soutiennent, en partant de leur troisième conception du patrimoine. Mais il faut convenir en même temps qu'une telle théorie ne se comprendrait pas facilement avec les autres définitions ; pour arriver à ce point en partant des notions communes, il fallait un renfort en route, et ils l'ont compris : la note où ils tendent à confondre le patrimoine et la personne est écrite à ce sujet.

La critique est facile, portant sur une conséquence d'un principe déjà combattu. Si « puissance juridique » veut dire « capacité », nous ne sommes pas en face du patrimoine, mais de la personne considérée comme apte à être centre de droits, à s'affecter des qualités de propriétaire et de créancière, et comme nous secouons tout préjugé de temps, nous la voyons présentement affectée de toutes les qualités de ce genre qui, dans le temps, ne l'affecteraient que tour à tour. En termes plus clairs, la pensée des auteurs est celle-ci : « La personne est un être doué de qualités et de capacité juridique. Ces qualités, en fait, s'acquièrent successivement, mais on peut, s'envolant dans l'idéal, envisager d'un seul coup d'œil ce qui est déjà bien loin dans le passé, ce qui est encore bien loin dans l'avenir, et voir coexister toutes les qualités passées, présentes et futures ». Mais alors les auteurs n'ont point le droit de nous dire que le patrimoine contient les biens futurs, puisqu'il ne s'agit ici ni de patrimoine, ni de biens, choses objectives, mais de pures qualités subjectives, et la conception qu'ils offrent au lecteur est sans rapport avec notre sujet.

Si, d'ailleurs, MM. Aubry et Rau ont été facilement conduits à cette théorie, nous n'affirmons pas qu'ils y soient arrivés logiquement. Ils devaient ou ne pas arriver là, ou aller plus loin. En plaçant le patrimoine dans la personne, ils renonçaient implicitement à voir en lui l'universalité des biens, à moins qu'ils n'aient eu l'intention de refouler même ceux-ci dans la personne. Dès lors ils n'avaient guère le droit de faire profiter les biens d'une mise hors le temps portant sur un patrimoine conçu indépendamment d'eux. Il est, d'autre part, assez peu logique, chez eux, de classer les biens futurs dans le patrimoine en passant sous silence les biens passés. Si on fait abstraction du temps, ceux-ci doivent en profiter comme ceux-là ; mais il faut bien dire que peut-être cette conséquence les a effrayés et que

fils patrice cééldére manus.

19. *Suite.* — D'après certains philosophes, le temps n'existerait pas, la succession des phénomènes serait une pure fiction de l'intelligence humaine, impuissante à tout penser d'ensemble, et facilitant son travail en jetant tout dans le double moule de l'espace et du temps. Nos législateurs sont-ils allés à l'école de Kœnigsberg? On pourrait le croire en lisant MM. Aubry et Rau, et le Code semble d'abord en porter la preuve.

Des biens ont été aliénés, des droits ont été éteints par renonciation; le législateur permet aux créanciers de tenir les actes accomplis pour non avenus : n'est-ce point, dans une certaine mesure, faire remonter le présent dans le passé, ou faire descendre le passé dans le présent? Supprimer ainsi la limite mobile qui coupe en deux l'éternité, n'est-ce pas déjà faire abstraction du temps? Des exemples concluants semblent surgir si nous considérons à son tour l'avenir. Lisons l'article 2092 : « Quiconque (s') est obligé personnellement est tenu de remplir son engagement sur tous ses biens mobiliers et immobiliers, présents et à venir ». Cette disposition qui fait du patrimoine le commun gage de tous les créanciers, ne distingue point entre les créanciers présents et futurs, entre les biens d'aujourd'hui et ceux de demain; le patrimoine est considéré, toute abstraction faite du temps, comme composé d'une masse de biens grevée d'une masse de dettes. Divers articles du même Code reposent sur ce principe (art. 1270, 2122, 2123), et il est à peine utile de faire remarquer combien il est naturel. Ce n'est point notre Code seul qui affecte les biens même futurs à la sûreté des créanciers présents, toutes les législations prennent ce point de départ.

De ces preuves ne résulte-t-il pas que le législateur fait abstraction du temps?

Pure illusion! mettons le principe aux prises avec ses conséquences. Bientôt nous parlerons de la subrogation, ce phénomène légal par lequel un bien entrant dans le patrimoine y prend la place d'un bien qui sort. « Quoi! nous dirait-on alors, n'avons-nous pas prouvé que le patrimoine comprenait avec les biens présents tous les biens futurs? Cette doctrine n'entraine-t-elle pas pour conséquence que des droits peuvent bien sortir, et encore! mais jamais entrer? dans cette unité collective des droits présents et futurs, une solennelle immobilité règne ». La conclusion nous mettrait, vraiment, dans un trop cruel embarras! La théorie de la subrogation réelle deviendrait fort difficile en face de l'immobilité du patrimoine : expliquer comment l'immuable change!

D'ailleurs, les textes n'ont point le sens qu'on leur prête. La Paulienne est fort loin de supposer, comme on pourrait le croire d'abord, que les biens aliénés restent dans le patrimoine par rapport aux créanciers. Outre qu'il n'est point possible d'exercer la Paulienne au sujet de tous les biens aliénés, mais de certaines catégories seulement, tout le mécanisme de l'action jure avec cette interprétation. Paul aliène un immeuble, ses créanciers lésés peuvent faire rescinder l'aliénation, courir après leur gage : pourquoi? Parce que l'immeuble est encore censé dans le patrimoine de Paul? nullement! mais parce que les tiers ne doivent point s'enrichir aux dépens d'autrui, aux dépens des créanciers qui luttent *de damno vitando*. Il s'établit entre le créancier et l'acquéreur un lien direct qui laisse hors de cause l'aliénateur, et la Paulienne est simplement ce droit entré en action.

Ne pourrait-on de même expliquer l'affectation des biens futurs sans recourir à la fusion du présent et de l'avenir? Cette tâche nous semble et possible et facile. L'article 2002 ne veut point dire, à notre sens, que les biens futurs, encore inexistants en acte, sont affectés d'ores et déjà aux créances actuelles; il signifie seulement que le gage des créanciers n'est pas limité à la contenance du patrimoine au moment du contrat, mais la suit dans toutes ses variations.

Une créance naît aujourd'hui contre Pierre : il a, par exemple, emprunté mille francs. Sur-le-champ, le créancier reçoit pour gage le patrimoine et, indirectement, tout ce qui le compose. Demain certains biens sortiront, d'autres entreront, le gage suivra toutes ces fluctuations, et le jour où le créancier voudra réaliser sa créance, il pourra faire porter sa saisie sur tel ou tel des biens, et même sur chacun de tous les biens compris dans le patrimoine au moment des poursuites. A Rome, c'était d'abord le patrimoine même qu'on vendait, chose logique. Si l'actif est épuisé avant d'avoir éteint le passif, le reliquat de dette acquerra pour gage nouveau tous les biens qui pourront ultérieurement advenir, de nouvelles voies d'exécution pourront être suivies, et ainsi de suite, mais en aucun cas l'exécution faite par les créanciers ne mordra sur l'avenir. On ne peut donc dire avec MM. Aubry et Rau que le gage du créancier porte dès la naissance de la créance sur les biens futurs, la vérité est qu'il porte à chaque instant sur le contenu actuel du patrimoine, et l'on ne considère la composition variable de ce patrimoine qu'au moment des poursuites. L'actif et le passif sont deux êtres juridiques rivés l'un à l'autre, qui changent et se modifient sans cesse en cheminant à travers le temps : mais le passif d'aujourd'hui n'est lié qu'à l'actif d'aujourd'hui, il ne l'est pas à celui d'hier, à celui de demain : chaque jour amène son gage et l'emporte.

20. *Du passif.*— Le patrimoine comprend-il les dettes ? On est tenté de répondre sur-le-champ par la négative, et cette conclusion dérive sans peine de notre définition. Le patrimoine est l'ensemble des biens, et ne peut comprendre que des biens, si la définition n'est pas incomplète ou fausse. Or quel esprit, si paradoxal qu'il puisse être, oserait voir des biens dans les dettes? Mais avec la définition qui part de l'idée de droits, on peut, à l'aide d'une certaine torture infligée au bon sens, arriver à faire entrer les dettes dans le patrimoine. Qu'est une dette? nous dit-on, c'est un droit par le bout passif! L'obligation, le *vinculum juris* unissant directement ou indirectement deux personnes, s'appelle droit dans la portion qui touche le créancier, dette dans celle qui touche le débiteur, mais c'est au fond une seule et même chose. L'obligation fait ainsi partie du faisceau qui rayonne autour de la personne débitrice, comme de celui qui rayonne autour de la personne créancière : droit passif, et voilà tout! Rien d'étonnant dès lors que beaucoup d'auteurs fassent entrer le passif dans le patrimoine : c'est une conséquence logique de la définition qui prend une image pour la réalité.

La tendance des jurisconsultes contemporains vers cette conséquence est certaine. M. Accarias, définissant le patrimoine en droit romain (189), l'appelle « l'ensemble des droits et des charges pécuniaires qui incombent à une personne ». MM. Aubry et Rau (573-3°) disent en droit français : « La circonstance que le passif surpasserait l'actif ne ferait pas disparaître l'existence du patrimoine qui comprend les dettes comme il comprend les biens ». Ajoutons que pour ces derniers l'introduction du passif dans le patrimoine est encore logique en prenant pour base de raisonnement la troisième définition.

Nous estimons cette doctrine inexacte, pour des raisons tant logiques qu'historiques.

D'abord les biens ont une existence intrinsèque, ils existent en dehors de la personne, incorporés pour la plupart à des objets matériels ; les dettes, au contraire, sont dans la personne même, pures qualités passives de l'être juridique. Comme nature, et indépendamment de la valeur active des uns, passive des autres, il y a antinomie absolue. Les uns se comprennent distincts de la personne, les autres sont de la personne même : cette différence éclate si l'on étudie leur transmission. Les biens se transmettent indépendamment de la personne, les dettes n'ayant point d'existence propre ne se transmettent en principe qu'avec elle et disparaissent avec elle.

Le droit romain est tout imprégné de ce principe rationnel. En pure législation civile, les dettes s'éteignent, les créanciers perdent tout droit à l'instant précis où la personne du débiteur est éteinte, transformée, ou simplement mutilée, quand le débiteur meurt sans héritiers, quand il est frappé de *capitis diminutio* (l. 2, § 2, *de cap. minut.*, D., IV, 5). Cela est tout naturel, la qualité ne peut survivre à la chose qualifiée. Les biens survivent parfaitement, au contraire, les maisons, les terres, les meubles et l'argent, choses dont ils sont la représentation, ne sont point frappées par l'événement qui touche la personne : l'appropriation à une autre personne, ou à la même transformée, est tout ce qui en résulte pour elles. Quant aux biens qui ne correspondent pas à des corps, ou, pour être plus clair, quant aux créances, le droit romain est un peu hésitant quelquefois : la personne est plus directement en jeu. Dans quelques cas, on admet l'extinction, par exemple pour le droit déduit en *judicium legitimum* (Gaïus, III, § 83 ; IV, § 104). Plus souvent on considère que la créance ne consiste pas simplement en une qualité de la personne : le bien est attaché à un acte, à une abstention d'autrui, à des objets matériels si l'on veut. Alors on assimile la créance au droit de propriété, on admet la transmission indépendamment de celle de la personne éteinte ou transformée. Entre le passif et l'actif, le droit romain maintient donc la différence logique que l'un tient indissolublement à la personne, tandis que l'autre peut s'en détacher, et même tout d'un bloc. A Rome, en effet, on admettait la vente en masse du patrimoine, gage des créanciers, et une transmission universelle entre-vifs survenait encore dans l'adrogation, dans la *manus*, dans l'acquisition à titre d'esclave d'un individu libre.

Étudions, par exemple, l'adrogation. L'ensemble des biens, le patrimoine en bloc passe au père de famille : c'est une règle que les fils de famille ne peuvent avoir de patrimoine. Quant à la personne, elle ne passe point au père, celui-ci ne devient en aucune façon débiteur, bien qu'il devienne créancier. La personne ne reste pas davantage au fils, elle s'éteint, ou pour mieux dire s'altère si profondément qu'elle n'est plus la même. Le créancier est sans débiteur !

Tel est le droit civil. Le préteur intervient, il est vrai, mais sans violer le principe qui différencie le passif et le patrimoine. Il donne des actions fictices, rescindant pour un instant l'adrogation en la tenant pour non avenue. Quelques jurisconsultes proposaient, il est vrai, de donner l'action *de peculio* (l. 41, D., *de pec.*, XV, 1), mais ils avaient tort, car en l'espèce il n'y a ni pécule, ni concession, ni adhésion du père à des actes futurs, il s'agit justement de dettes antérieures à l'établissement même de la puissance (Cp., l. 12, D., *de jure dotium*).

Deux choses ont contribué à égarer les auteurs. C'est d'abord la règle *bona non sunt nisi deducto œre alieno* ; c'est ensuite ce qui se passe dans la transmission héréditaire. La règle *bona non sunt* veut dire que le successeur aux biens ne retient que l'excédant de l'actif sur le passif. On est pratiquement amené à confondre actif et passif en un seul tout, espèce de formule algébrique où sont pêle-mêle des quantités négatives et des quantités positives, et on appelle patrimoine l'ensemble, actif net le résultat de la simplification quand il est positif. Il y a là une association d'idées théoriquement inexacte, mais qui s'impose de l'insu de ceux-là même qui la font. Dans la transmission héréditaire, d'autre part, on voit le passif et l'actif suivre exactement le même chemin, et aller au même homme. Ici encore on ne réfléchit pas assez que cette marche parallèle est commandée par une raison impérieuse : ce qui se transmet, ce n'est pas le passif et l'actif liés ensemble, non, ils restent toujours étrangers l'un à l'autre, c'est la personne, et la personne emporte en soi le passif, traîne après soi l'actif ou patrimoine.

Une réflexion bien simple suffirait pourtant pour démontrer la complète hétérogénéité du passif et du patrimoine : elle résulte de la règle même *bona non sunt.* Par des raisons d'équité, on charge celui qui reçoit le patrimoine de payer les dettes de la personne, mais dans quelle mesure ? Jusqu'à concurrence seulement de l'actif ! Ainsi la différence des destinées s'accuse encore d'une manière saisissante : les dettes payées, s'il reste des biens, le successeur en profite ; l'actif payé, s'il reste des dettes, le successeur n'en est pas tenu.

Ni la logique ni la tradition n'autorise nos auteurs à faire rentrer le passif dans le patrimoine ; le Code lui-même marque une profonde différence entre eux. Nous concluons donc à l'exclusion du passif, et nous regardons le système contraire comme propre à compliquer la terminologie plutôt qu'à simplifier la doctrine. Le passif pour nous est dans la personne, tandis que le patrimoine est au dehors : la suite de ce travail apportera de nouveaux arguments à l'appui, et la théorie que nous venons de faire nous servira notamment à expliquer pourquoi, en droit français, les dettes du défunt ne donnent pas lieu à partage. Elle justifie le principe de la loi des XII Tables sur ce sujet, principe que les décemvirs avaient eu seulement tort d'exagérer et d'étendre aux créances, plus indépendantes de la personne, et pourvues d'objets en dehors d'elle : ils péchèrent par défaut d'analyse.

LIVRE SECOND

Évolution du patrimoine

21. — Au sixième livre de ses Digestes, Alfenus écrivait un texte que les ciseaux de Tribonien nous ont heureusement conservé : *Respondi non modo si unus aut alter, sed et si omnes judices mutati essent, tamen et rem eamdem et judicium idem quod antea fuisset permanere. Neque in hoc solum evenire ut partibus commutatis eadem res existimaretur, sed et in multis ceteris rebus : nam et legionem eamdem haberi ex qua multi decessissent, quorum in locum multi alii sublecti essent : et populum eumdem hoc tempore putari qui abhinc centum annis fuisset, cum ex illis nemo nunc viveret : itemque navem si adeo sæpe refecta esset ut nulla tabula eadem permaneret, quæ non nova fuisset, nihilominus eamdem navem esse existimari. Quod si quis putaret partibus commutatis aliam rem fieri, fore ut ex ejus ratione nos ipsi non iidem essemus qui abhinc anno fuissemus : propterea quod, ut philosophi dicerent, ex quibus particulis minimis consisteremus, hæ quotidie ex nostro corpore decederent, aliæque extrinsecus in earum locum succederent. Quapropter cujus rei species eadem consisteret, rem quoque eamdem existimari* (l. 76, D., de judiciis).

Alfenus a raison. Soient cent moutons : on en change un premier, un second, un troisième ; si le troupeau n'existait plus, à quel moment aurait-il cessé d'être ? En perdant le premier, le cinquantième, le centième mouton ? Mais il en reste toujours cent ! De même, dans l'ordre des choses qui se conçoivent, mais ne se touchent pas, le patrimoine reste toujours, si rapide que soit le changement des biens qui le composent. Disons plus, elle ressemble à un être vivant, cette unité fictive formée d'éléments dont sans cesse les uns partent et les autres viennent. On y voit, pour ainsi dire, le phénomène du tourbillon vital, tel que le décrivaient d'intuition les philosophes anciens, tel que l'ont expérimentalement démontré les physiologistes modernes. La caractéristique de la vie, c'est le mouvement ; vivre, c'est changer, et tout être qui ne change point existe, mais ne vit pas. En créant le patrimoine, l'esprit humain a fait plus que lui donner l'existence, il lui a donné la vie.

Regardons vivre l'homme ; d'abord formé d'un moindre nombre de molécules, il en acquiert bientôt de nouvelles, il augmente et grandit ; quelques-unes s'en vont, il en vient davantage, qui bouchent les vides formés et accroissent la masse ; plus tard, ce sont les pertes qui l'emportent, les vides ne se comblent pas, et le corps dépérit ; enfin la mort survient, l'ensemble se désagrége : ainsi du patrimoine.

Le patrimoine naît, vit et meurt. Dans les trois titres de ce second livre, nous étudierons sa naissance, sa vie et sa mort. Dans notre premier livre, nous avons pris un patrimoine donné, nous l'avons étudié au dehors, puis au dedans, décomposé, en quelque sorte disséqué : nous en avons fait l'anatomie. Nous allons maintenant prendre un patrimoine à sa naissance, étudier toute son évolution jusqu'à sa mort. Nous aurions pu prendre pour titre : « Anatomie du patrimoine », nous pourrions maintenant écrire celui-ci : « Physiologie du patrimoine ».

TITRE PREMIER

COMMENT NAIT LE PATRIMOINE

22. MM. Aubry et Rau (§ 573) disent : « Que toute
personne a nécessairement un patrimoine, alors même
qu'elle ne posséderait actuellement aucun bien ». En
d'autres termes, le patrimoine commence avec la personne, non avec le premier bien ; il finit avec la personne, non avec le dernier bien ; il peut exister vide, et
même périr sans avoir jamais cessé de l'être. Tour à
tour, ces thèses seront discutées : pour le moment,
voyons quand naît la personne, et si le patrimoine naît
forcément avec elle.

23. *Quand naît la personne.* — Le moment où naît la
personne est différent, selon qu'il s'agit de personnes
individuelles ou morales. C'est un principe fondamental,
transmis de législateur en législateur et de coutume en
coutume, que nulle personne morale ne peut exister
sans l'expresse concession du législateur, et des corporations ont beau se former, la personnalité ne leur est
acquise que du jour où leur existence est légalement
autorisée. De ce jour seulement elles peuvent être
propriétaires, créancières, débitrices, de ce jour être
poursuivies en justice.

Une jurisprudence s'est formée cependant qui heurte
notre doctrine. A la suite d'arrêts fameux (1), on a plus
facilement admis des poursuites contre des associations
non autorisées, tout en refusant à celles-ci la capacité
de poursuivre, même sous le couvert d'un prête-nom.

---

(1) Orléans, 30 mai 1857, Sir., 57, 2, 488. Civ. rej., 30 décembre 1857, Sir.,
58, 1, 225. Paris, 8 mars 1858, Sir., 58, 2, 115. Req. rej , 4 mai 1859, Sir., 59, 1, 377.

Mais, si les circonstances expliquent de semblables arrêts, ils ne peuvent se justifier en théorie pure. Avant la reconnaissance, point de personne, même passive, point de dettes, point de patrimoine gage de créanciers qui ne peuvent exister.

Mais, peut-on insinuer, sortant ainsi des espèces visées par les arrêts, il existe nombre d'associations religieuses, bienfaisantes, littéraires, scientifiques, musicales, dont la loi reconnaît l'existence et la personnalité : comment le public, peu nourri de droit administratif, saurait-il en discerner les associations dépourvues de personnes ? Faudra-t-il laisser sans action ceux qui auront vendu, prêté à des associations de ce dernier genre ? Ne vaut-il pas mieux, au contraire, leur permettre d'agir ?

Cette doctrine nous choque. Qu'est, en droit, une association non reconnue ? Rien, et cependant voilà rien qui doit, le néant traduit en justice ! La raison d'utilité n'est qu'à la surface : ne voit-on pas combien l'intérêt général est lésé par le secours imprudent donné à quelques particuliers ? Ou il est nécessaire à l'État de n'admettre aucune personne, sauf celles qu'il autorise, ou cela n'est point nécessaire. Dans le second cas, il faut renverser la vieille règle, accorder la personnalité *cuilibet volenti*, et ne pas se borner à la concession critiquée. Dans le premier la jurisprudence est dangereuse, comme permettant aux associations d'exister avec la puissance que donne le crédit, sans la volonté de l'État. Ou les associations sont utiles, et la reconnaissance ne leur doit pas être refusée, ou elles ne le sont pas, et alors il n'est point expédient qu'elles existent (5).

Passons aux personnes supportées par des individus.

(5) La Cour suprême, par arrêt au criminel du 19 novembre 1865 (Sir., 66, 1, 415), a, sur de lointaines analogies, admis la personnalité d'une association de chasseurs sans existence légalement reconnue, mais, là encore, elle a agi sous la pression des circonstances.

Dès que l'homme est venu au jour, ou plutôt dès sa conception, on le voit pourvu d'une personne. L'enfant nait
avec un droit capital, le droit à la vie. Ce droit cesse
dans quelques législations à l'égard des parents ; mais
ces législations sont celles de peuples mal civilisés, et
le Svod russe, qui croit nécessaire de nier expressé-
ment le droit de vie et de mort des parents, témoigne,
sans le vouloir, de l'état d'infériorité où la Russie demeure. D'ailleurs, dans tous les pays où l'infanticide est
ainsi permis, comme la Grèce et Rome dans leurs
premiers temps, et la Chine aujourd'hui, le meurtre du
nouveau-né demeure puni s'il est commis sans la volonté des parents. Ce n'est pas tout, avant la naissance
l'enfant a déjà ce droit à la vie, et il existe au profit du
fœtus à peine conçu comme au profit de l'homme, puisque chez la plupart des nations l'avortement est défendu
comme le meurtre.

En vain objecterait-on qu'il n'y a point de droit à la
vie, mais seulement une protection accordée par la société dans l'intérêt exclusif de son recrutement : ce
serait formuler une thèse insoutenable, car l'argument
sur lequel elle repose est vicieux sans conteste. Évidemment, c'est dans l'intérêt de la société que le meurtre est
prohibé, mais la société n'est que la collection des
citoyens présents et futurs, et son intérêt, celui de la
totalité s'il n'y a point de conflit, du plus grand nombre
s'il y a conflit. Quant à la vie, communément regardée
comme le souverain des biens, aucun conflit sérieux
n'existe, et, protégée dans l'intérêt de la société, elle
l'est aussi dans celui de l'individu, puisqu'ils se confondent. En faisant usage de l'argument que nous criti-
quons, on arriverait d'ailleurs à nier l'existence du droit
de propriété lui-même dans les législations positives. Il
n'y a point de droit de propriété, pourrait-on dire, mais
seulement une protection que la société, dans l'intérêt

de sa conservation, accorde à ceux qui possèdent.

Le droit à la vie est-il le seul droit relatif aux biens innés qui existe dès la naissance ? Non, mais c'est le seul qui existe, qui puisse exister durant la vie utérine. Enfermé qu'il est dans le sein de sa mère, l'enfant brave impunément toute autre atteinte : on peut le tuer, mais on ne peut pas attenter, par exemple, à sa liberté qui n'existe pas encore. C'est seulement quand il naît que commencent à devenir possibles les attentats autres que le meurtre : alors se développent les autres droits protecteurs des biens innés.

Si nous laissons ces droits, indices de la personne, mais existant à cause de l'individu, si nous nous occupons d'autres droits, les vrais, les *juris vincula*, ceux qui approprient des biens à la personne, nous trouvons qu'ils peuvent exister dès la conception. L'enfant, simplement conçu peut, du moins dans la législation romaine et dans celles qui en sont sorties, être propriétaire, créancier, débiteur, comme l'enfant déjà né. La règle *infans conceptus pro nato habetur* prouve la plénitude d'existence de la personne dès le moment de la conception : la loi ne se borne pas à reconnaître et protéger l'individu, elle accorde capacité entière et complète.

24. *Quand commence le patrimoine.* — MM. Aubry et Rau font naître le patrimoine avec la personne, et les déclarent si intimement liés qu'ils ne peuvent exister l'un sans l'autre. C'est une conséquence de leur troisième conception du patrimoine. Commencer et finir sont deux faits qui s'accomplissent dans le temps, et l'idée même de temps est exclue par les illustres jurisconsultes alsaciens. Quant à nous, après avoir répudié les prémisses, il est naturel que nous repoussions aussi les conséquences.

Dans les deux autres conceptions du patrimoine, on

peut arriver exactement aux mêmes conséquences, par une théorie que j'appellerai théorie du patrimoine vide. On raisonnerait comme il suit : « Si le patrimoine n'était qu'un simple faisceau, comme un faisceau de verges, et que les éléments dont il est formé fussent retirés un à un, l'ensemble disparaîtrait avec les dernières composantes. Un patrimoine vide serait alors un composé de rien, chose absurde. Mais il n'en est pas ainsi : complexe, il a cependant une existence distincte de celle des éléments qui le composent, et indépendante. En un mot, le patrimoine est plus que l'ensemble, il est le réservoir des droits. Un réservoir a pour nature d'être plus ou moins rempli d'eau, mais il n'en existe pas moins alors même qu'il n'en contient pas une seule goutte : il en est de même du patrimoine ».

Cet argument serait spécieux s'il était un argument, mais il n'est qu'une image. Il pose simplement la formule du patrimoine vide sous un aspect saisissant, il ne prouve pas que les législations positives aient mis en œuvre le principe affirmé.

Un texte nous avait frappé : le *principium* de la loi 50, D., *de hered. pet.*, où Papinien dit : « *Hereditas, etiam sine ullo corpore, juris intellectum habet* ». Ce texte est ambigu : dans un sens il veut bien dire qu'on peut comprendre l'hérédité, patrimoine d'un défunt, comme existant en l'absence de tout bien : mais dans un autre il signifie que l'hérédité, bien que n'ayant point de corps physique, existe cependant aux yeux des jurisconsultes. Ce dernier sens paraît le plus vraisemblable si l'on consulte la glose des Basiliques, où il est dit seulement que l'hérédité est une chose incorporelle, à l'instar des créances. Le texte de Papinien démontre donc bien qu'en droit romain l'on concevait l'hérédité, partant le patrimoine, comme être collectif et distinct, mais il laisse intacte la question de savoir si l'universalité peut exister vide. Cherchant dès lors des éléments de solution moins contestables, nous n'avons pu jusqu'ici trouver, soit en droit romain, soit en droit français, soit dans les législations étrangères, un seul texte, une seule théorie exigeant pour son application le principe du patrimoine vide.

De là que conclure ? Il n'y a pas plus de patrimoine sans biens que de murs sans pierres, de troupeaux sans bœufs ou sans moutons. La théorie du patrimoine réservoir des biens futurs est inutile et arbitraire, il faut la rejeter.

25. *Suite.* — Les théories étudiées au numéro précédent font naître le patrimoine toujours au moment même où naît la personne. On peut soutenir aussi que les jurisconsultes doivent distinguer entre les personnes individuelles et les personnes morales. Les premières apporteraient leur patrimoine avec elles, les secondes l'acquerraient seulement plus tard.

La personne individuelle apporte, dirait-on, certains droits, certains biens en naissant. Dès la conception, le droit à la vie existe ; plus tard, à la naissance, c'est le droit à la liberté qui paraît. Les premiers biens, les plus précieux sont acquis dès la première aurore de la vie. Mais, si l'on sort de la catégorie des personnes corrélatives aux individus de l'espèce humaine, on voit que la personne peut, au contraire, préexister au premier droit. Où chercher des biens innés ? Où trouver le droit à la vie ? Quel Code punit l'assassinat d'un département, la séquestration d'une commune, les blessures faites à l'État ? Il faudra donc que la personne morale acquière un premier droit, soit de propriété, soit de créance, pour cesser d'être une simple et stérile capacité. Entre le moment de cette acquisition et celui où la personne a débuté dans l'existence, il a pu s'écouler un intervalle de temps considérable, et l'on peut même ici poser en règle que le premier bien, le patrimoine par suite, est d'ordinaire postérieur en date à la personne.

Cette théorie peut se soutenir avec les deux premières conceptions du patrimoine, mais seulement avec elles, puisqu'elle suppose la notion du temps. Foncièrement inexacte, car elle suppose à tort, avec MM. Aubry et Rau, que les biens innés font partie du patrimoine, elle contient toutefois deux parcelles de vérité : il est vrai que le patrimoine ne peut préexister aux biens, vrai aussi que la personne n'apporte pas toujours des biens en naissant.

26. *Suite.* — La théorie exacte ne nous coûtera guère à établir maintenant. Une personne naît : personne individuelle ou personne morale, et celle-ci reconnue directement et par voie spéciale, ou généralement comme les sociétés commerciales. Rien n'empêche qu'au moment même où la personne est produite, la capacité commence à fonctionner ; rien n'empêche que des droits soient noués, des biens appropriés aussitôt, à l'instant psychologique de la création. Dans ce cas, le patrimoine naît aussitôt. Mais, en fait, dans l'immense majorité des cas, le patrimoine naît beaucoup plus tard, les biens ne se pressant pas autant de venir. Pendant un certain temps, la personne peut donc être sans patrimoine ; elle peut même cesser d'exister sans en avoir jamais eu, et cela arrive encore, en fait, fort souvent : que d'enfants meurent sans avoir acquis de biens !

TITRE SECOND

COMMENT VIT LE PATRIMOINE

CHAPITRE PREMIER.

DES AGENTS MODIFICATEURS DU PATRIMOINE.

27. Les agents modificateurs du patrimoine sont de diverses sortes. Le principal est la personne même, la capacité mise en jeu tantôt par l'individu qui la supporte, tantôt par des tiers, et qui procède en incorporant ou éliminant des biens dans des conditions fort variées. Mais du dehors peuvent venir aussi des modifications : la nature, l'intervention des tiers opérée directement et sans le couvert de la personne, agissent, mais à un moindre degré, sur l'augmentation et la diminution du patrimoine.

28. *Nature des rapports du patrimoine avec la personne.* — Il faut savoir avant tout à quel titre se manifeste la puissance de la personne : nous verrons ensuite comment elle se manifeste.

Pour MM. Aubry et Rau la personne est propriétaire du patrimoine, comme elle le serait d'un champ, d'un bois ou d'une maison. C'est une doctrine à recevoir sous bénéfice d'inventaire. D'abord, si l'on envisage le patrimoine comme l'ensemble des droits d'une personne, des droits pécuniaires, on se heurte à une objection : le *vinculum juris* supposé est d'une telle nature qu'il rentre lui-même dans le patrimoine. Celui-ci, en effet, comprend les droits de propriété, tous les droits de propriété. Dès lors les auteurs ne peuvent maintenir leur système. Il fausse, en effet, la définition s'il laisse un droit pécuniaire hors du patrimoine, et il la détruit en renonçant à l'image s'il dit : « Ce droit s'analyse en la qualité de propriétaire chez la personne, d'objet approprié dans le patrimoine ». Avec la troisième conception du patrimoine, l'idée de propriété est encore plus difficile à comprendre : disons mieux, elle ne se comprend pas. Je ne puis pas être propriétaire d'un patrimoine compris en moi-même, pas plus que je ne le suis de ma capacité, ou, si l'on veut, de mes mains et de mes pieds.

Avec la conception qui fait du patrimoine l'universalité juridique des biens, ces objections ne se rencon-

trent plus, et on peut arriver à discuter la question
plus à fond. La propriété comprend le triple droit *utendi*,
fruendi et *abutendi* : la personne a-t-elle ces trois droits
sur le patrimoine ? Si oui le rapport est de propriété,
sinon il est autre, et sans doute d'une nature toute
particulière.

29. *Suite.* — Quant au *jus abutendi*, MM. Aubry et
Rau le refusent comme conséquence de leur troisième
conception du patrimoine. Le patrimoine, pour eux,
est inaliénable, et il ne peut être détaché de la personne tant qu'elle vit. Ni volonté ni puissance extérieure ne peuvent opérer le divorce. Mais alors, peut-
on leur répondre avec justice, si vous refusez le *jus
abutendi*, l'élément caractéristique de la propriété, vous
êtes illogiques en accordant celle-ci. La propriété peut
évidemment se concilier avec l'inaliénabilité, mais
quand celle-ci est accidentelle; si par hasard elle était
d'essence, comme en l'espèce, il n'y aurait plus propriété,
mais un droit différent et moindre. Nous saisissons ici
une des contradictions dans lesquelles se sont jetés les
éminents jurisconsultes en prenant pour point de
départ plusieurs conceptions du patrimoine incompa-
tibles entre elles : ils en tirent, pêle-mêle, des conséquences impossibles à concilier.

Pour nous qui n'admettons pas un lien aussi nécessaire
et aussi indissoluble, nous accepterions facilement le
jus abutendi si des raisons extrinsèques ne nous commandaient la circonspection. Il est très-difficile de savoir
si certaines aliénations admises par le droit positif
portent sur l'universalité, abstraction faite des biens
ut singula, ou sur tous les biens *ut singula*, abstraction
faite de l'universalité. Avant de décider, consultons donc
avec soin les dispositions des législateurs.

En droit romain, on ne peut douter que le patrimoine
ait été aliénable. Non-seulement l'État ou les créanciers

pouvaient dépouiller un citoyen de son patrimoine et le vendre en bloc, par forme d'exécution, mais encore le citoyen pouvait procéder à une semblable aliénation. Le testament *per œs et libram* est une simple application de ce dernier principe : hâtons-nous de dire que rien ne prouve l'existence pratique de semblables aliénations en dehors de la mancipation usitée dans les testaments. Un point curieux dans l'aliénation testamentaire était que le patrimoine aliéné n'était pas celui du jour du contrat, mais celui du jour du décès (6). Si l'aliénation volontaire du patrimoine était usitée dans d'autres cas que le testament *per œs et libram*, la mancipation devait au contraire porter sur le patrimoine présent plutôt que sur l'hérédité : on aime mieux tenir que courir. Au reste, l'acheteur du patrimoine futur eut risqué une chance, celle de rattraper presque aussitôt son prix par le décès du vendeur, et de retrouver dans le patrimoine la contre-valeur qu'il en avait donnée. En cas de vente du patrimoine présent, au contraire, le prix eut été le commencement d'un patrimoine nouveau pour le vendeur, et ce prix, à coup sûr, n'eut pas été le morceau de cuivre de la mancipation, mais une contre-valeur sérieuse, à fournir ultérieurement.

À l'époque classique, les dispositions entre-vifs, portant sur l'universalité des biens, sont-elles interdites ? La femme apportait quelquefois en dot tous ses biens, comme le montre, entre autres textes, la loi 72, D., *de jure dotium*. Seulement, dans ce cas et autres pareils, il est difficile de décider si les parties ont visé le patrimoine comme tel ou tous ses éléments *ut singula*.

En droit germanique, l'aliénation du patrimoine se faisait couramment (L. sal., t. 49 ; l. rip., t. 48).

(6) La mancipation admettait, en effet, l'adjonction d'un terme tacite, et il est clair que le testateur n'avait point voulu se priver sur-le-champ de son patrimoine. L'acquéreur par mancipation recueillait donc le patrimoine au décès du mancipateur, et tel que les circonstances l'avaient fait.

En droit français, il est plus rare de voir des transactions porter sur le patrimoine même. Il en existe cependant, et il est difficile de voir autre chose dans l'institution contractuelle (7). On fait ainsi par convention des héritiers réservataires ! Mais dans la cession de biens, par exemple, on ne peut voir une aliénation du patrimoine : la réserve du reliquat au profit du cédant, la qualité des droits des créanciers cessionnaires en font preuve. Est-il possible, d'autre part, de vendre, de donner son patrimoine ? Les éléments de solution font défaut.

Le patrimoine n'est pas inaliénable par essence, le *jus abutendi* le grève : c'est un premier résultat acquis, un premier pas fait en avant.

30. *Suite.* — Mais que dire du *jus utendi*, du *jus fruendi ?* Nous ne saurions nous résoudre à les admettre. Que l'on use, que l'on jouisse de chacun des biens compris dans le patrimoine à titre de propriété, ou même autrement, selon sa nature, cela se comprend et s'admet ;

(7) L'institution contractuelle équivaut à un testament contractuel, avec quelque chose en plus, l'irrévocabilité. C'est un point commun avec la mancipation de patrimoine du testament romain *per œs et libram*. En droit germanique, l'*adframire* (l. salique, tit. 49) est une véritable aliénation de patrimoine, avec assentiment de la nation, présentant de frappantes analogies avec le testament *calatis comitiis*. En présence du peuple assemblé et du roi, le Franc jette un rameau dans le sein de celui qu'il veut gratifier, en le qualifiant d'héritier. Puis le gratifié se met en possession de fait du patrimoine donné. Ensuite il rend ce patrimoine au donateur dans les formes mêmes avec lesquelles il l'a reçu, mais naturellement sans l'appeler héritier. Enfin, avant l'expiration de l'année, le donateur le lui donne de nouveau par le jet du rameau : la disposition est désormais irrévocable, et le donataire sera héritier. La loi Ripuaire, titre 48, rédigée à nouveau sous Dagobert premier, montre l'*afframire* transformé par une civilisation de deux siècles. Le nom a changé : *affatomie*; les formes aussi, il n'est plus parlé de rameau, mais d'écriture ou de tradition. La présence du roi est encore nécessaire, et il faut des témoins, mais on ne parle plus de l'assemblée du peuple. Sans doute à l'origine le peuple intervenait par consentement formel, plus tard il intervint seulement comme témoin, enfin on se passa de lui : nous verrons un phénomène identique produit chez les Romains par des causes identiques. Un Capitulaire de l'an 803, chap. 4, § 7 montre que deux cents ans plus tard on en était encore arrivé plus loin : le roi peut être suppléé par ses *missi*, par les échevins ou les comtes, le représentant de la nation est lui-même représenté (Cp. G. Barilleau, *De l'Institution contractuelle*, Poitiers, 1878).

mais jouir et user du patrimoine lui-même, c'est ce que nous ne comprenons pas. Cette jouissance, cet usage s'analysent en l'usage et la jouissance des éléments; quant à l'ensemble, on se demande en quoi ils consisteraient s'ils portaient sur lui ? On habite une maison, on récolte les fruits d'un champ, raisins ou céréales, foins ou colzas, on monte un cheval ou on l'attelle, mais que peut-on faire du patrimoine, sinon l'administrer ? Augmenter le patrimoine, le diminuer, l'aliéner même, cela est possible, mais il ne saurait donner prise autrement à l'action de la personne. La puissance de la personne s'exerce donc sous la forme de l'administration, et encore d'une administration toute spéciale, consistant à incorporer de nouveaux éléments dans le patrimoine, à en exclure d'autres, et à modifier en plus ou en moins ceux qui restent.

Donc jus *abutendi*, et encore ! point de *jus utendi et fruendi,* si ce n'est sous une forme absolument en dehors des règles ordinaires, et qui mérite le seul nom d'administration, voilà ce que l'analyse reconnaît dans le rapport d'appropriation du patrimoine à la personne : ce rapport n'est pas, vraiment, un rapport de propriété !

31. *Des agents qui mettent en mouvement la personne.* — C'est une règle, ou à peu près, que tout homme a une personne, mais ce n'est pas une règle que lui seul peut s'en servir. La loi permet souvent à un tiers de se glisser dessous et d'en faire jouer les ressorts. Pour les personnes morales, cette intrusion est plus manifeste : la personne est mise en jeu par un ou quelques individus qui en sont dépositaires, et non pas, sauf exception, par chacun de ceux à la collection desquels elle répond. Nous sommes tous membres de l'État, l'État a une personne, ce n'est pas nous qui nous en servons.

Ces interventions n'ont rien qui doivent nous étonner. La personne n'est après tout qu'un instrument destiné à transformer en faits juridiques des volontés humaines, ou des actes matériels accomplis par des hommes. Si par une cause ou par une autre l'être qui supporte la personne est hors d'état de l'utiliser, elle restera inactive, et de grands dommages en naîtront. Les personnes qui ne correspondent pas à des individus humains seraient vouées à l'inaction perpétuelle sans les agents qui les complètent. La commune, l'État, les associations et corporations, tous les établissements publics et d'utilité publique, ont nécessairement besoin d'être représentés, car ils ne peuvent avoir de volonté à eux. L'existence deviendrait impossible pour eux sans cette ressource de la représentation juridique. La même raison s'applique, tout aussi péremptoire, aux individus de certaine catégorie. Le fou, l'enfant ne peuvent avoir de volontés, ils sont voués au caprice : que deviendraient-ils cependant si nul ne pouvait venir à leur secours, et leur prêter l'aide d'une volonté étrangère ?

Ce qui étonnerait plutôt, c'est de voir le droit romain nier, au moins d'une manière partielle, ce principe nécessaire de l'intervention d'un représentant. Aussi que d'entraves ! En droit romain, le tuteur ne représente pas le pupille, la mandataire ne représente pas le mandant : de là des empêchements de toute sorte, et une difficulté de pourvoir aux intérêts des incapables et des non présents que corrigent à peine les détours d'une procédure bizarre. Si l'organisation de la famille romaine n'avait pas fourni un moyen plus direct de parer à ces difficultés en faisant intervenir le fils de famille et l'esclave, le principe de la non-représentation, nous en sommes convaincu, n'aurait pas duré longtemps, même chez ce peuple le plus routinier de la terre en fait de législation. Sous Justinien, les détours se simplifiant et les exceptions devenant petit à petit plus nombreuses, la règle de non-représentation se trouve considérablement déchue de son importance primitive, mais on peut dire que jusqu'au dernier moment elle se maintint en principe.

Chez nous, le principe de représentation fut, au contraire, couramment admis et nous le trouvons appliqué à chaque instant. L'administration du père de famille, celle du tuteur des mineurs et des interdits, ont lieu à titre de représentant. Les mandataires de toute espèce représentent les mandants ; à chaque page du Code, pour ainsi dire, nous trouvons l'application de cette règle si nécessaire et si raisonnable, et dans la pratique elle domine toute procédure, puisqu'elle s'applique aux avoués, sans lesquels point d'instance. Les mandataires légaux, judiciaires et volontaires sont, d'ailleurs, limités, en général, dans leur action, et ne peuvent outrepasser certaines bornes fixées par la loi ou par la volonté des parties ; ils peuvent user de la personne d'autrui, mais ne doivent ni ne peuvent en abuser. Le fondement du principe de la représentation est l'avantage de l'individu auquel la personne est affectée, et le but spécial de l'institution suffit à en indiquer les limites.

32. *Suite.* — Parfois cependant l'intrusion des volontés étrangères agit dans un but qui n'est pas l'avantage direct de l'individu qui porte la personne, mais l'intérêt même du tiers mis en scène. Plaçons-nous en face d'une hypothèse. Paul est déconfit, perdu de dettes, chaque acte tenté par lui ne pourrait bénéficier qu'à ses créanciers aux aguets ; il s'abstient donc et laisse dépérir son actif inutile en négligeant d'exercer ses droits. N'est-il point de toute justice que le créancier puisse agir alors que Paul n'agit pas ? De là l'article 1166 : « Néanmoins les créanciers peuvent exercer tous les droits et actions de leur débiteur, à l'exception de ceux qui sont exclusivement attachés à la personne ». Exercer les droits du débiteur à sa place, c'est pour le créancier le moyen de conserver efficace son propre droit, c'est parfois le ramener à effet en rendant disponible une somme sur laquelle sera réclamé le paiement. Ainsi se légitime l'exception faite à la règle que la personne est mise en mouvement par les tiers à titre de bon office et non dans un intérêt étranger.

L'intervention permise aux créanciers doit d'ailleurs ne pas être trop indiscrète. Il est certains droits qu'il serait choquant de voir exercer par eux, et parmi les droits directement évaluables en argent, les seuls auxquels se réfère le texte, il en faut ranger beaucoup dans cette catégorie. Le législateur les a visés dans ces termes inexacts et trop vagues : « Ceux qui sont directement attachés à la personne »; et les jurisconsultes se sont évertués à en dresser des listes limitatives, chacun la sienne : pour nous c'est assez d'avoir signalé cette intrusion intéressée des tiers dans la gestion des patrimoines.

Sortons des règles du Code civil, pénétrons dans le domaine de la législation commerciale : nous y trouverons une intrusion qui se manifeste sous des formes bien autrement hardies. Nous aurons garde de développer la théorie de la faillite, mais nous en détacherons quelques principes, habiles à entrer dans une théorie du patrimoine, et dont la place nécessaire est ici.

Dans toutes les législations modernes, la faillite entraîne une main mise exceptionnellement puissante sur le patrimoine et sur la personne même du failli. A Rome, la *bonorum venditio* présentait déjà un phénomène analogue, les créanciers étaient envoyés en possession du patrimoine, puis celui-ci vendu en bloc, mais le débiteur, en droit civil, était après ce qu'il était avant : propriétaire et créancier. La possession, protégée par le préteur, le dépouillait seule de ses biens par la survenance de l'usucapion; si ses créances étaient poursui-

vies par d'autres, c'était par des actions fictices. On
prenait ainsi le débiteur comme en traître, et par derrière. Le droit moderne, au contraire, agit ouvertement.
La personne est soustraite au failli, mise en séquestre,
une paralysie rétroactive l'envahit partiellement ; le patrimoine est confié à des mains plus dignes par le
législateur lui-même, et non par l'initiative d'une pratique presque usurpatrice. Cette soustraction de la personne, d'ailleurs, est partielle : le failli, sauf restrictions,
n'est point inhabile à s'en servir comme capacité, il peut
acquérir, il peut même s'obliger, sans toutefois que le
patrimoine actuel serve de gage à ses obligations, et
sans que ses actes puissent nuire aux créanciers présents. C'est comme centre actuel de droits actifs et
passifs que la personne est mise hors de la facile atteinte
du failli. En même temps que lui, d'ailleurs, d'autres,
des étrangers, les syndics, se servent de cette personne,
et, malgré certaines restrictions aussi, on peut dire qu'il
peuvent s'en servir avec une liberté plus grande. Un
moment vient enfin où les biens sont liquidés et distri-
bués : alors le patrimoine se dissout, sans compensa-
tion comme pendant l'époque de la liquidation où des
sommes venaient remplacer par subrogation les autres
choses aliénées, s'annihile presque et parfois tout à
fait. Alors la personne reste nue, capacité pure, n'est
plus l'attache d'aucun droit actif et peut n'être celle
d'aucun droit passif : les tiers ont fait et parachevé leur
œuvre.

33. *Des agents qui modifient directement le patrimoine.*
— Nous quittons la catégorie des actes dus à l'activité
de la personne, contrats faisant naître des créances,
acquisition de propriété par convention, par occupation
où autrement. Dans d'autres actes, le rôle de la personne est tout passif, elle souffre qu'on détache d'elle
ou qu'on lui attache certains droits, mais elle reste im-

mobile et inerte, c'est à vrai dire le patrimoine directement que sollicite la force modificatrice.

Quand l'incendie détruit un meuble et le réduit en
cendres sans valeur, l'anéantissement produit par cas
fortuit fait sortir sans récompense un bien du patrimoine;
le rôle de la personne est alors vraiment nul : un droit
se détache d'elle et tombe, mais elle n'agit pas plus
que n'agit l'arbre, quand le vent d'automne détache une
à une et fait tomber ses feuilles. Le jugement d'expro-
priation pour cause d'utilité publique n'est pas plus volontaire, c'est un rôle tout passif que celui de la personne dépouillée ainsi de sa propriété ; mais ici l'espèce,
à côté de la perte, nous montre une acquisition non
moins involontaire, celle de la créance d'indemnité, qui
vient augmenter le patrimoine sans le concours actif
de la personne. Prenons encore un exemple : un tiers
tue mon cheval ; d'un même coup il appauvrit mon patrimoine d'un bien et l'enrichit d'un autre, en substituant une créance d'indemnité à un droit de propriété ;
ce n'est plus un cas fortuit, ni le magistrat, mais là volonté d'un particulier qui aura directement modifié mon
patrimoine.

Ce n'est pas tout : il y a des droits que la personne
ne s'attache pas, qui ne lui sont pas attachés par une
puissance extérieure, homme ou nature, mais qui viennent s'y rattacher d'eux-mêmes, par l'omnipotente volonté de la loi. Nous ne parlerons point de l'accession.
Si trois mètres de terre se sont joints à un pré, qu'importe? L'objet du droit est augmenté, le patrimoine
accru dans la valeur d'un de ses éléments, le droit reste
le même. La propriété n'est point susceptible de mesure,
ce n'est pas elle qu'on arpente : ou elle existe, ou elle
n'est pas ! Prenons l'accession au contraire, ou la déces-
sion : les petits au sortir de la mère, les moissons aussitôt coupées, les fruits tombant de la branche devien-

nent à l'instant objets distincts ; un droit de propriété naît, que la loi se charge d'attacher elle-même à la personne, sans fait actif de sa part. Les successions aussi peuvent s'acquérir sans fait actif et par la seule disposition de la loi : mais prenons garde ! Des législations grecques imposaient l'hérédité, et ne permettaient point de s'y soustraire ; mais, dès le droit romain, la variété s'introduit dans cette matière. D'un côté, les hérédités ne s'incorporent pas aussi complétement et aussi naturellement dans le patrimoine que les acquisitions ordinaires (8). De l'autre, s'il y a des *sui heredes* à qui le préteur reconnaît seulement le *jus abstinendi*, il y aussi les *heredes extranei* qui acquièrent par une acceptation bien volontaire, bien spontanée, et souvent solennelle, l'hérédité jusqu'alors jacente. En droit français, l'adition n'est généralement pas nécessaire, les hérédités ne sont pas simplement déférées par la loi ; elles se trouvent acquises dès le décès du *de cujus*. L'acquisition seulement à titre provisoire peut d'ailleurs être résolue par la volonté de l'héritier, et doit être ratifiée par lui, de sorte qu'à la loi vient s'adjoindre un élément volontaire : reste héritier qui veut.

CHAPITRE SECOND.

DES MODIFICATIONS DU PATRIMOINE.

34. *Augmentation du patrimoine.* — Le patrimoine est pauvre à l'origine. Voyons comment se forme et progresse celui d'une personne physique : c'est le cas le plus important, car, en France, sur près de quarante millions de personnes, quelques centaines de mille tout

---

(8) La *bonorum separatio*, en effet, peut intervenir et mettre en évidence la dualité des personnes et des patrimoines.

au plus sont des personnes morales, et encore leur existence, indéfinie souvent (communes, départements, la plupart des établissements publics et d'utilité publique) et d'ordinaire plus longue que la vie des hommes, fait qu'elles restent en scène pendant que de nombreuses générations s'élèvent et meurent tour à tour.

Le patrimoine ne comprend pas les biens innés, il est rare d'autre part qu'avant de longues années l'homme acquière ces autres biens desquels naît la richesse. Les enfants, il est vrai, peuvent être débiteurs, créanciers ou propriétaires : mais combien, en fait, jouissent de ces avantages? combien pour cent? Les premières richesses sont quelques jouets vite brisés, et dont le jurisconsulte n'a point à s'occuper; plus tard, bien tard, viennent les fruits du commerce, de l'industrie, si l'on n'est pas oisif! quelquefois ceux des arts libéraux. Comptons aussi les dons, les héritages, qui, eux, peuvent favoriser tous les âges, et, si l'on suit la doctrine commune, tout le cortége des dettes qui peuvent équilibrer le reste.

Nous serions conduit à étudier ici les différentes manières d'acquérir la propriété et les créances. L'horizon s'ouvre devant nous, curieux et vaste; nous voyons les procédés guindés et bizarres du droit romain, les méthodes simples et naturelles de notre droit national : mais il faut nous hâter de fuir ce spectacle tentateur, de refermer la porte à peine ouverte, et par laquelle menace de se précipiter en masse toute la législation. C'est une encyclopédie du droit que devrait comprendre ce livre.

35. *Diminution du patrimoine.* — Les droits, pour une large part, sont temporaires par essence, il en est fort peu qui ne le soient au moins par nature, et tout patrimoine est par suite susceptible de se réduire indéfiniment, de s'anéantir même tout à fait.

Les droits réels n'ont point, en général, de durée préfixe, et durent autant que l'objet : la propriété, les servitudes foncières, l'emphytéose romaine, le droit de superficie. La durée, en pareil cas, est fort longue. Pour les meubles, sujets à de nombreuses chances de destruction, accidentelles comme l'incendie ou spontanées comme la mort, elle dépasse rarement certaines limites possibles à prévoir, mais ce qui est préfix, ce n'est pas la durée du droit, c'est celle du bien : au point de vue du patrimoine, comme nous l'envisageons, cette distinction, il est vrai, n'est que pure scholastique. Pour les immeubles, leur résistance est d'ordinaire plus grande, et les fonds de terre sont pour ainsi dire indestructibles. Il faut, pour les anéantir, des invasions de la mer, comme celle qui émiette les falaises de notre Poitou, dévorant lentement les communes littorales, ou bien il faut des écroulements de montagnes, comme cette chute de schistes rebroussés, tombant à la renverse et comblant des vallons, dont la Drôme est témoin depuis deux ans, par suite du mouvement d'exhaussement des Alpes. De telles catastrophes, pour le moment du moins, sont trop locales et trop rares pour occuper les jurisconsultes. La durée de la propriété foncière, c'est l'éternité en principe.

Quelques droits réels sont à temps, non par nature, mais par essence. Ainsi l'usufruit, dont on ne concevrait pas l'existence indéfinie sans exclure toute espèce de propriété sur le bien grevé. Même les droits perpétuels par nature peuvent être quelquefois temporaires : ainsi, la propriété, quand cela plaît aux parties. Le droit romain, notons-le, a toutefois regardé pendant longtemps une telle volonté comme illégale et contraire à la nature des choses.

En face des droits réels, les droits personnels, leur antithèse. Toute créance naît avec la mort pour but. On ne contracte pas pour l'obligation, pour être créancier, mais pour l'exécution, pour être payé. Le but de la créance est le paiement, c'est-à-dire l'extinction. De là une grande cause de mouvements dans le patrimoine, et des vides sans cesse nouveaux. L'effet du paiement, d'ailleurs, est double, dans la doctrine communément adoptée et qui n'est pas la nôtre : il éteint une créance dans un patrimoine et une dette dans l'autre. Nous pourrions même dire que d'ordinaire il est quadruple, faisant encore passer du patrimoine payant au patrimoine payé la propriété d'une chose.

Les transmissions de biens jouent un grand rôle dans l'appauvrissement du patrimoine : les droits réels, les créances passent au gré de la personne, et sauf certaines restrictions légales, au pouvoir de personnes étrangères. La vente, les donations, tous les modes de translation pourraient encore être passés ici en revue : nous nous en abstiendrons.

Quant aux destructions pures et simples, elles sont aussi fréquentes que possible. En mangeant, nous détruisons un bien, nous résolvons le droit de propriété qui faisait nôtres les aliments. La vie ne sort que de la destruction : c'est une vérité de partout. Tous les faits ou presque tous les faits de consommation, les abandons, soit de propriété, soit de créances, réduisent ainsi le patrimoine. De même beaucoup de cas fortuits : la violence des fleuves qui emporte une île, l'incendie qui détruit des meubles, la foudre.

La loi a également son influence sur la diminution du patrimoine, mais moins quotidienne et moins grande : citons seulement les déchéances légales, et, dans un ordre moins pratique, la volonté du législateur qui viendrait supprimer certaines classes de biens, prohiber certains droits existants, les mettant à néant et défendant qu'ils renaissent : l'esclavage, la féodalité.

CHAPITRE TROISIÈME.

DES SUBSTITUTIONS D'ÉLÉMENTS DANS LE PATRIMOINE.

36. *Du phénomène de subrogation.* — Entre les biens qui sortent du patrimoine et ceux qui entrent existe souvent une remarquable corrélation. Le phénomène de sortie et celui d'entrée sont entre eux comme cause et effet. Certains droits peuvent se perdre sans équivalent, par exemple la propriété d'un objet qui brûle, un droit auquel on renonce ; d'autres s'acquièrent sans retour, ainsi la propriété acquise par occupation ou par don. Mais, si l'on fait abstraction des droits anéantis par suite de la consommation journalière, on conviendra que ces deux classes forment seulement une imperceptible minorité. A chaque sortie répond, en règle, une entrée, à chaque entrée une sortie. Quelques biens entrent en surplus, quelques-uns sortent de même, de là des fluctuations qui font osciller le patrimoine, comme le corps de l'homme entre la maigreur et l'embonpoint ; mais la plupart des sorties font des vides qu'une entrée comble aussitôt, sans plus altérer la masse que la substitution des molécules dans l'organisme vivant.

Je vends un immeuble, c'est un droit de propriété qui sort, un droit de créance qui le remplace ; on me paie, aussitôt la créance disparait, et un droit de propriété prend sa place ; je prête l'argent, nouvelle créance ; on me le rend, propriété nouvelle ; j'achète un immeuble, c'est une propriété qui remplace l'autre ; je l'échange enfin, le phénomène se reproduit.

Ce phénomène a un nom, la subrogation réelle, et une portée pratique des plus considérables.

37. *Suite.* — « La subrogation réelle, disent MM. Aubry et Rau (§ 573), est, dans le sens le plus général, une fiction par suite de laquelle un objet vient en remplacer un autre pour devenir la propriété de la personne à laquelle appartenait ce dernier, et pour revêtir sa nature juridique ». L'effet pratique de la subrogation se traduit par un brocard fameux : « *Subrogatum sapit naturam subrogati* ».

En fait de subrogation réelle, on doit soigneusement distinguer entre les *res singulares* et les universalités. Entre choses particulières, on s'accorde sans peine à dire que la subrogation n'est point possible sans la spéciale volonté du législateur. C'est une règle de tradition. Le droit romain est fécond en exemples (9). Si la jurisprudence de l'ancienne France, parfois mal inspirée, fit de la subrogation un usage excessif, l'appliquant à tort et à travers, si des auteurs, Mornac, Chopin, Masuer, méconnurent la règle, Henrys, au sujet d'une décision fort louable, proclame les vrais principes (II, liv. IV, chap. VI, quest. 28, § 1), et la doctrine resta de son côté. Les excès des praticiens ont abouti par contraste à une théorie non moins excessive, dont on peut demander compte à Merlin. Dans notre siècle enfin, la règle ne souffre plus de doutes, et l'on dit hardiment: *In judiciis singularibus res non succedit loco pretii, et pretium loco rei.* Quelquefois on permet à un créancier de réclamer une chose à la place d'une autre, mais alors l'équité prévaut sur la logique. Pierre n'est pas Paul, un cheval n'est pas un bœuf, ceci n'est pas cela ; et la subrogation fait traiter une chose comme si elle était une autre : *subrogatum sapit naturam subrogati.*

Entre éléments d'une universalité, la tradition a con-

(9) L'argent ne peut être regardé comme volé, bien que provenant d'une chose volée (l. 48, § 7, D., *de furtis*) ; les immeubles achetés avec une somme déposée ne peuvent être réclamés à sa place par le déposant (l. 6, C., *de rei vindic.*) ; d'autres constitutions nous fournissent des décisions semblables (l. 4, C., *comm. utriusq. judic.*; l. 8, *si quis alteri vel sibi*; l. 12, *de jure dotium*).

sacré la règle inverse : *In judiciis universalibus res succedit loco pretii, et pretium loco rei.* Et c'est logique : l'universalité qu'on réclame ne cesse pas d'être la même, malgré les modifications qui ont pu s'accomplir dans son sein. Dans les universalités juridiques, chaque élément est pris comme une valeur, non comme un corps, et chacun sait comment en algèbre on n'apporte aucun changement à une formule, en y substituant l'une à l'autre diverses expressions d'une même valeur. Les objets réels sont ces différentes expressions. Les objets ont beau être disparates, les valeurs sont nécessairement homogènes et peuvent se remplacer comme se remplacent les pierres d'un mur, les bois ou plutôt les fers d'un navire. Quand, dans un édifice, le maçon retire et remplace les pierres gélives ou éclatées, quand, dans le corps humain, la fièvre ou le jeu normal du tourbillon vital oxyde, enlève et remplace les molécules altérées dans leur composition ou dont l'orientation est devenue vicieuse, le phénomène qui s'accomplit est une vraie subrogation physiologique ou physique d'éléments homogènes.

La subrogation est dans les universalités juridiques, non pas une fiction gratuite et arbitraire du législateur, comme entre *res singulares*, mais un phénomène constant, normal et même essentiel. En pratique, on l'invoque d'ailleurs seulement quand on a besoin de déterminer la contenance d'une universalité à un moment donné, et par exemple pour limiter ce qu'on doit rendre d'objets en détail afin d'avoir rendu l'ensemble. Elle explique à merveille les restitutions à faire sur la revendication d'universalité et dans quelques autres litiges ; partout ailleurs elle est théorie, lettre morte, idée creuse. Il est juste que le possesseur, en rendant ce qui lui reste des éléments primitifs de l'universalité, rende aussi tout ce qui s'y est joint depuis, tout ce que lui-même a gagné, tout ce qui

serait au demandeur si ce demandeur avait possédé, non
le défendeur: c'est toute cette équité que voile le nom
de subrogation, et le masque de la fiction cache ici des
choses réelles. La règle des universalités, le brocard
fameux n'est qu'un exemple de cette vérité semée partout dans les législations, du Décalogue au Code civil :
nul ne doit s'enrichir sans raison au détriment d'autrui.

38. *Suite.* — En faisant de la subrogation la règle en
matière d'universalités juridiques, nous avons écrit
comme s'il n'y avait point eu de contradicteur. Il y en
eut un, illustre en son temps, Merlin. Fatigué de voir
ses contemporains excéder la règle, lui va presque jusqu'à la nier. Le titre *de hereditatis petitione*, D., fournit
une douzaine d'exemples de subrogation de plein droit ;
il choisit un des textes, le torture sous prétexte de traduction, et paraît en tirer cette règle que la chose achetée
avec le prix d'une chose vendue n'est pas subrogée à la
première. En vain les Basiliques (XLII, I, 25, 1) révèlent
que la l. 25 § 1, le texte torturé, s'explique par la l. 20,
c'est-à-dire qu'en l'espèce il n'y a pas subrogation parce
que le possesseur n'a pas acheté pour l'hérédité, mais
pour lui-même, et a en quelque sorte fait un simple emprunt à la caisse héréditaire ; en vain tous les autres
textes, présentant des exemples de subrogation variés à
l'infini, prouvent qu'elle était de droit commun dans
les hérédités, et par suite dans les universalités juridiques, le jurisconsulte douaisien poursuit et torture à
leur tour les lois 70 § 3, 71, 72, D., *de legatis* 2°,
où les auteurs avaient l'habitude de voir des exemples
de subrogation dans une autre hypothèse d'universalité, les fidéicommis. Ici sa démonstration pèche encore ; il suffit qu'il reconnaisse le grevé obligé de faire
compte des prix, et le texte est formel, pour qu'on puisse
lui répondre : « Donc une créance contre le grevé rem-
plaçant la chose aliénée, il y a subrogation » ! Et de fait,

Merlin n'a pu faire école (V. Rép., v° subrogation de choses).

39. *Application au patrimoine.* — C'est trop nous attarder : nous réfutons un contradicteur isolé, quand déjà nous aurions pu poursuivre bien loin et montrer comment s'appliquent au patrimoine les principes que nous avons étudiés. La subrogation est un phénomène incessant, la pratique cependant ne daigne s'en occuper que dans l'hypothèse d'une restitution à faire. Mais, s'écrie-t-on, comment concevoir la restitution du patrimoine ? Comment l'imaginer possédé par un tiers, détaché de sa personne, et vivant cependant, puis restitué, rétabli dans un état d'où il n'aurait jamais pu, semble-t-il, et jamais dû sortir ? Problème, mais que résout notre Code.

Soit un administrateur général, un tuteur, un mandataire universel. Tous ou presque tous les actes peuvent être faits par lui, mais, chose bien digne de remarque, la personne même pour qui les actes sont accomplis est censée les faire. En vain dit-on que ces administrateurs gouvernent le patrimoine, ils ne le possèdent pas, et sont les purs serviteurs d'une capacité qui n'est pas en eux. Le mineur, en effet, l'interdit, le mandant conservent leur personne et le patrimoine avec elle. Allons plus loin, supposons l'absence et l'envoi provisoire : l'espèce, bien que plus favorable, n'est point cependant changée ! Toujours la personne reste liée à cet individu dont on n'a pas de nouvelles, et qui probablement n'existe plus, la capacité demeure en lui, l'exercice est seul commis à l'envoyé ; le patrimoine n'est point touché. Mais ici nous trouvons l'extrême limite : l'envoi définitif nous laisse entrer dans un monde nouveau. L'absent est réputé mort, la loi tient sa personne transmise aux envoyés, et son patrimoine aussi. D'ordinaire l'absent ne reparaît pas et les choses en restent là : que s'il revient par hasard, la personne s'envole, et quittant l'envoyé fait retour à celui dont on l'avait prématurément séparée, mais les objets des droits qu'elle possède ne subissent point cette évolution toute psychologique, et les questions de restitution surviennent, pleines de difficultés que tranche la théorie de la subrogation.

40. *De la revendication du patrimoine.* — Remarquons-le avec soin, car l'intérêt, d'ailleurs théorique, est grand : l'instance en restitution n'est pas toujours une revendication de patrimoine. Dans cette matière des absences, les actions universelles fourmillent. Il y a celle du parent plus proche contre le parent plus éloigné mis en possession : c'est une espèce de pétition d'hérédité si la preuve du décès n'est pas rapportée, et la véritable pétition dans le cas contraire. Il y a celle de l'absent de retour contre les possesseurs des hérédités ouvertes à son profit pendant l'absence, et dont l'incertitude de sa vie l'a fait exclure : c'est une pétition d'hérédité véritable. Il y a enfin l'action de l'absent contre les héritiers trop pressés déjà saisis de ses biens, celle dont nous nous occupons seulement. Cette action est profondément différente suivant les circonstances.

Un homme se représente, disant qu'il est le frère, l'oncle ou le mari disparu : peut-être, mais enfin, au bout d'un demi-siècle, il n'est pas toujours défendu de douter. C'est le retour d'Ulysse ! Le *de cujus* a maigri, ou il a trop engraissé, ou il lui manque des dents, ou les cheveux, s'il en reste, ont changé ; les héritiers sont toujours peu crédules, bref le revenant se voit contesté : d'où procès. Notre droit est clément, il donne à chacun une personne, et les passeports n'ont point besoin d'être en règle pour qu'on jouisse de la capacité processive : on plaide donc, et le demandeur affirme que sa personne est celle même du disparu, dont on avait revêtu à tort ses héritiers, et qui lui a fait retour ; il réclame par suite son patrimoine, tandis que les défendeurs prétendent garder l'un et l'autre. S'il prouve, il a gagné dans une revendication de patrimoine.

Changeons d'espèce, supposons au contraire l'absent reconnu, admis de plus ou moins bonne grâce dans le sanctuaire de la famille, et ne voyant subsister d'autre nuage qu'un retard persistant à rendre compte et à restituer les biens. S'il n'apprécie pas cette marque grande d'attachement à ses intérêts, un litige pourra s'ensuivre : quelle en est la nature?

Dans la première espèce, le juge déclarait la personne et le patrimoine attachés à M. un tel, et en conséquence ordonnait la restitution de tous objets dépendant dudit patrimoine. Le jugement a statué sur une universalité, le patrimoine ; sur deux peut-être, si l'on admet que l'ensemble des choses formant l'avoir matériel est une universalité. Dans notre seconde espèce, l'action ne pourrait être universelle que si l'on faisait une universalité de cet ensemble des vignes et des prés, des maisons et des moulins, des bœufs et des chevaux, des tables et des lits ; or cela nous répugne. Un troupeau est une universalité, bien qu'imparfaite, les éléments ont une commune nature, l'ensemble est homogène : ici, non! Et encore, d'autre part, comme la revendication portant sur un troupeau ne serait pas une action universelle, devrait-on réputer universelle la revendication de l'avoir matériel?

Pour nous, dans la première espèce, il y a bien action universelle, mais non dans la seconde.

41. *Suite.* — La conséquence pratique de cette différence? Il n'y en a point. Dans notre seconde espèce, il y a *judicium singulare*, cependant on appliquera les règles de la subrogation. Reconnu ou méconnu, qu'il ait intenté la revendication simple ou la revendication de patrimoine, dans l'un et l'autre cas l'absent de retour a obtenu la même condamnation : abandonner. Ce qui doit être abandonné, c'est chaque objet dont l'envoyé restait possesseur : or c'est précisément pour spécialiser ces objets qu'on utilise la fiction de la subrogation.

Nous trouvons ici un avertissement salutaire. On ressasse depuis des siècles le brocard : *In judiciis uni-versalibus...*, on ne s'en défie plus, et il est cependant inexact ! Inexact, non point comme principe, mais comme formule, non point comme trop large, comme le voulait Merlin, mais comme trop étroit : inexact par ce qu'il omet et aussi par ce qu'on lui ajoute. Par antithèse, on ressasse avec lui cet autre brocard, dont nous vérifions en ce moment la fausseté, et qui a fini par lui adhérer : *In judiciis singularibus pretium non succedit loco rei, nec res loco pretii.* C'est trop, l'appendice nuit, et l'on peut répéter la maligne boutade scholastique : *Nimia nocent, cauda perit argumentum.*

La véritable formule est autre. Il faut dire : la nature même des choses ordonne la subrogation en matière d'universalité, l'exclut entre choses singulières ; si le législateur sort de là, c'est pressé par l'équité. Mais, d'autre part, on ne doit pas invoquer seulement ces règles quand l'universalité même est en jeu, on peut aussi le faire dès qu'il s'agit de déterminer quelles choses faisaient partie de l'universalité à un moment donné, ces choses fussent-elles réclamées *ut singulæ.*

Cessons donc de distinguer entre nos espèces, et sans plus chercher quelle action chaque hypothèse implique, abordons la pratique et les textes. L'article 132 du Code civil nous dit : « Si l'absent reparaît, ou si son existence est prouvée, même après l'envoi définitif, il recouvrera ses biens dans l'état où ils se trouveront, le prix de ceux qui auraient été aliénés, ou les biens provenant de l'emploi qui aurait été fait du prix de ses biens vendus ».

Sur ce texte, nous pouvons étudier deux matières : le sort du patrimoine pendant que sa personne est en dépôt chez l'envoyé, et les restitutions à faire quand l'absent de retour l'a reprise.

42. *Du patrimoine pendant la possession définitive.* — L'envoi définitif ressemble à la succession par tant de points qu'on peut à la rigueur les confondre. En vain dirait-on de l'envoi qu'il est, malgré son nom, provisoire : cette différence est surtout théorique, et nous faisons ici de la pratique. Bien rares sont les absents qui reviennent troubler les envoyés en possession définitive, et, s'il en est quelques-uns, ne voit-on pas aussi des gens légalement enterrés, et pourvus d'un acte de décès en forme, qui viennent troubler leurs héritiers ? Ces derniers temps, à notre su, en ont fourni plus d'un exemple, et les grandes guerres de l'Empire en avaient jadis préparé pour longtemps.

Qu'importe d'ailleurs ? que l'envoyé soit, si l'on veut, un héritier provisoire, et nous aurons tout concilié. Chose certaine, l'individu absent n'est plus réputé vivant, et le Code prussien, lui, n'a peut-être pas tort d'appeler Todeserklærung (10) la déclaration d'absence : c'est dur, mais c'est vrai. La personne est réputée transférée à l'héritier, ou éteinte, les droits subordonnés au décès sont ouverts, les droits subordonnés à l'existence physique sont réputés anéantis ; l'exception relative au mariage ne saurait même nous être opposée, car elle est purement apparente, il n'y a de réel qu'une incapacité de se remarier frappant le conjoint dans un but de moralité.

Les rapports de l'envoyé et du patrimoine, envisagés ainsi, deviennent bien simples : il exerce à son égard les pouvoirs de la personne. Il vend, il donne, il partage, comme pourrait faire un héritier. Si l'absent était marié sous le régime de communauté et si celle-ci, par la vo-

(10) Preussisches Landrecht, Theil II, Tit. xviii, § viii, 840-851.

lonté de l'époux présent, subsiste encore au jour de l'envoi définitif, l'envoyé la liquide avec l'époux comme l'aurait fait l'héritier de l'absent. Il exerce comme siennes les actions et est pareillement actionné ; les jugements rendus ont une valeur définitive : ainsi sont recouvrées les créances de l'absent, ainsi sont payées ses dettes. Là se place toutefois un scrupule grave. Supposons un envoyé dans cette situation fâcheuse : un actif de cent mille et un passif du double. Comme nous étudions surtout les envoyés soumis, quand ils sont héritiers, à la contribution *in infinitum*, nous avons à nous demander si leur propre patrimoine répond, en l'espèce, de l'intégralité des dettes. En fait, l'hypothèse est improbable, l'envoi définitif n'a lieu qu'après un temps largement suffisant pour permettre les plus minutieuses recherches, et la prescription de la plupart des dettes, mais enfin, la question a son intérêt.

Si les patrimoines ont été confondus, ou, pour parler avec la précision imposée par le titre de notre étude, si les meubles et les immeubles du présumé défunt ne sont plus commodément discernables de ceux de l'envoyé, on admet que l'héritier provisoire est intégralement obligé. Pourquoi cette confusion, en effet ? n'est-elle pas une reconnaissance tacite de la supériorité de l'actif ? n'est-elle pas, si on l'interprète autrement, l'engagement pris de faire honneur aux affaires, telles quelles, du parent disparu ? Ces raisons ne sont point péremptoires cependant, car elles supposent connu d'avance le montant du passif, et, en fait, la question ne pourrait se présenter que par la subite émergence d'un passif ignoré. Qui demanderait sciemment l'envoi en possession d'une succession véreuse ? Le vrai motif est plutôt que la confusion, dont l'effet direct serait de rendre difficiles les poursuites des créanciers, doit nuire, non pas à eux innocents, mais à l'envoyé coupable ou de fraude ou de hâte.

S'il n'y a pas de confusion, l'envoyé sera-t-il indéfiniment tenu ? Il semble que non. « L'envoi définitif ne confère, en effet, qu'une propriété révocable, et ne peut, par conséquent, être considéré comme opérant une confusion absolue entre le patrimoine de l'absent et celui des envoyés ». Examinons cependant, et de près : Le retour de l'absent, après l'envoi définitif, est beaucoup plus que rare : en fait, l'absence, cette mort dont on n'est pas sûr, est une mort d'ordinaire véritable. Si l'on admet le système que nous examinons, les créanciers vont ainsi se trouver restreints dans leur gage parce que leur débiteur, au lieu de mourir honnêtement et bourgeoisement dans son lit, est mort on ne sait où ni comment. Ne vaudrait-il pas mieux, dans l'intérêt de toute équité, déclarer l'envoyé indéfiniment tenu ? Si par hasard l'absent revenait, l'envoyé se vengerait sur les biens qu'il rapporte, ou bien même il recourrait contre les créanciers outrepayés, pour cause d'indu paiement. Peut-être, nous le confessons, risquerait-il de perdre, mais enfin, les créanciers ne deviennent pas d'ordinaire insolvables justement quand il faut rendre, et l'on doit s'attacher à la règle, non pas à l'exception. Entre les créanciers, d'ailleurs, et les envoyés, si les uns ou les autres doivent perdre, ne vaut-il pas mieux faire tomber ce choix fâcheux sur les envoyés, enrichis avec prédilection par le Code, et gorgés des revenus d'un long temps de jouissance ?

Mais les principes n'excluent-ils pas ce tempérament si juste ? Ils l'appuient ! En vain l'on objecte que chez l'envoyé il existe deux personnes, deux patrimoines. Soit, il est, tout ensemble, et lui-même et le prétendu mort ! Mais quittons un peu les hauts sommets de l'idéologie, traversons aussi la région des neiges et des nuages, c'est-à-dire de la théorie, descendons combattre sur la terre, où législateurs et tribunaux respirent un air

moins subtil : qu'y trouvons-nous ? L'exemple même de
l'étrangeté qu'on nous reproche ! Dans le cas où l'absent revient, pour expliquer en théorie le *Sic volo, sic
jubeo, sit pro ratione voluntas !* tombé des lèvres du législateur, qu'on exhume, nous l'admettons, qu'on galvanise,
qu'on ressuscite le vieux fantôme de l'unité binaire ;
qu'on nous montre sur la tête de l'envoyé l'épée de Da-
moclès d'un retour incessant, encore faudra-t-il tenir
compte de l'ensemble du Code, et il nous fait voir,
tenu *in infinitum*, l'héritier dont à la rigueur la situation est la même. Chez lui aussi, la dualité de personne
existe, elle reparaît au besoin, se dégageant de l'unité
qui la cache : lui aussi, il est lui-même et le mort !
Pourquoi, dirons-nous donc, deux poids et deux mesures ? pourquoi donner deux solutions opposées à deux
problèmes qui diffèrent si peu ? Non, mieux vaut estimer qu'en toute hypothèse l'héritier est tenu *in infinitum.*

43 *Des restitutions à faire.* — Soit l'absent de retour,
la personne retournée à lui, que faut-il rendre ? Les
meubles, les immeubles qu'il avait autrefois, cela va sans
dire : mais ceux dont l'envoyé a disposé pourront-ils
être réclamés ? Non, l'envoyé avait la personne, il l'ani-
mait par sa volonté, il faisait œuvre de capacité en alié-
nant, les tiers sont à l'abri : seulement les créances de
prix, au lieu d'entrer dans son patrimoine propre, se
subrogeaient aux choses dans le patrimoine de l'absent,
et le voyageur de retour les reprend avec le reste pour
les exercer à son gré. S'il y a eu paiement, distinguons :
la somme subsiste-t-elle ? un droit de propriété l'attache
à la personne de l'absent ; en a-t-on fait emploi ? sous-
distinguons, et varions les hypothèses. On a racheté des
meubles, des immeubles : suivant les cas, et à la pru-
dence du juge, on admettra où on pourra rejeter la subrogation ; on s'attachera, pour vider la question, soit,

et tout d'abord, à l'intérêt de l'absent, soit à l'intention de l'envoyé : celui-ci aura donc à rendre tantôt la chose et tantôt l'argent, qu'il sera censé avoir emprunté à un patrimoine pour l'autre. L'argent a été employé pour payer utilement des dettes de l'absent : rien à rendre, hors les quittances ; s'il a servi à payer au contraire les dettes de l'envoyé, on en devra exiger le retour, car l'envoyé s'enrichirait aux dépens de l'absent s'il épargnait ainsi son propre patrimoine : on feindra donc un emprunt, une créance naissant dans le patrimoine de l'absent au moment où la propriété des écus en sort pour passer au créancier payé. Si l'argent, enfin, a été perdu, ou donné, ou gaspillé en dépenses dont il ne reste point d'équivalent, l'envoyé n'aura pas à le rendre.

Peut-être l'absent laissait-il des créances : leur sort est le même que pour celles issues d'une vente. S'il a laissé des dettes et que l'envoyé les ait payées *de suo*, on doit l'estimer créancier de l'absent en vertu d'une dette née dans le patrimoine de celui-ci au moment du paiement.

Un trait commun à tous les faits juridiques dont nous venons de nous occuper, c'est qu'on doit tenir pour sans intérêt le moment où ils ont été accomplis. Les pouvoirs de l'envoyé provisoire, et son influence sur le patrimoine, sont singulièrement loin de ce que nous venons de dire : n'importe cependant que les actes aient été accomplis durant la période provisoire, l'envoi définitif prononcé depuis rétroagit, et la transmission de personne et de patrimoine est censée remonter à l'instant même du départ ou des dernières nouvelles. Chacun sait quand s'ouvre la succession des défunts, au moment précis de leur mort : ici la mort est présumée dater de l'instant qui a suivi celui du départ, ou de la signature des lettres.

Nous n'avons point parlé des fruits : c'est qu'ils ne

peuvent être réclamés, la réclamation n'est permise à l'absent que s'il revient pendant l'envoi provisoire. Cette règle cesse, il est vrai, quand l'envoyé n'est pas de bonne foi, et l'on fait un compte réciproque des revenus et des impenses, mais on est alors dans une hypothèse profondément différente de celle que nous étudions.

TITRE TROISIÈME

COMMENT MEURT LE PATRIMOINE

44. Tout doit finir, c'est la loi commune des êtres vivants ; le patrimoine lui est soumis, et il nous faut étudier la dernière scène et l'épilogue de son existence. Déjà nous pouvons pressentir les genres de mort que le patrimoine est exposé à souffrir ; il périt quand finit la personne, mais il peut aussi disparaître avant elle, quand s'éteint le dernier des droits. Nous étudierons d'abord cette dernière hypothèse, puis dans deux chapitres, la première, en distinguant selon que la personne est simplement transfusée dans une autre, ou anéantie tout à fait.

CHAPITRE PREMIER.

COMMENT LE PATRIMOINE PEUT DISPARAITRE AVANT LA PERSONNE.

45. *Comment le patrimoine peut s'annihiler du vivant de la personne.* — Nous avons montré ailleurs comment la personne peut préexister au patrimoine ; elle peut naître sous forme de capacité pure, mais ne servir d'abord d'attache à aucun droit : nous allons la voir retourner à ce point de départ. Le patrimoine se produit assez tard, se développe petit à petit à mesure que les entrées dépassent les sorties : lent à venir, lent à grossir, peut-être sera-t-il lent aussi à diminuer, mais supposons que les sorties l'emportent enfin, ce qui n'arrive pas toujours en pratique, supposons-le réduit à un seul droit, lequel s'éteint. Le patrimoine aussitôt disparaît, et son existence est finie. La faillite et la *bonorum venditio* (§ 32) nous ont, avec une portée d'ailleurs fort inégale, fourni des exemples de ce phénomène s'accomplissant aussi en bloc dans la confiscation générale. L'espèce peut e compliquer davantage, supposons la personne acquéra t des biens nouveaux, après l'extinction ; ces droits sont les éléments d'un patrimoine qui naît avec eux et qui peut finir avec eux s'il n'intervient pas de renouvellement. Rien n'empêche un tel phénomène de se reproduire indéfiniment, et nous assistons ainsi à des péripéties où tantôt la personne est accompagnée d'un patrimoine, et tantôt elle en est dépourvue. Ces éclipses d'existence ramènent à la question du patrimoine vide, elle émerge par une autre face : le patrimoine est-il un ?

46. *De l'unité du patrimoine.* — Oui certes, il est un ! mais il faut s'entendre sur le vrai sens du mot. Il est un en ce sens qu'il ne peut jamais y avoir plusieurs patrimoines à la fois, que la personne est incapable d'en supporter plus d'un : car, puisqu'il comprend tout par définition, que renfermeraient les autres ? Il est un encore, si l'on veut, quand, au lieu d'un moment donné, on l'envisage aux divers moments de l'existence d'une personne : il importe seulement ici d'être circonspect. Le patrimoine est aujourd'hui l'assemblage de certains biens ; hier c'étaient d'autres biens, demain d'autres viendront. Il n'y a point d'unité dans la composition, il y en a seulement une dans l'ensemble, l'universalité reste la même. La difficulté, c'est quand la personne se trouve tour à tour nantie et dépourvue de biens : a-t-elle une succession de patrimoines, ou un seul ? L'un et l'autre, car de ces patrimoines, le premier n'est pas le second, le second n'est pas le troisième, et d'autre part ils sont tous et chacun le patrimoine de la même personne. En ce sens, le patrimoine est encore un, mais intermittent ; il a des lacunes dans son existence, et nous rejetons comme contraire au bon sens l'offre qu'on nous ferait de les combler en admettant la thèse du patrimoine vide. La personne est comme ces sources temporaires qui forment un ruisseau seulement quand il pleut ; le ruisseau est toujours le même, mais ne coule pas toujours.

CHAPITRE SECOND.

TRANSMISSION DU PATRIMOINE AVEC LA PERSONNE.

47. *Influence sur le patrimoine de la mort de l'individu.* — Au moment où meurt l'individu, de grands changements sont produits dans l'ordre du droit. Sa personne, son patrimoine subissent une crise instantanée et peuvent disparaître aussi, et devant cette grande question de mort ou de vie pâlissent et s'effacent toutes les questions secondaires, celle des conditions *cum moriar* et *cum morieris*, celle de l'usufruit, de l'usage et des autres droits que la mort de l'individu vient éteindre. Pour intéressantes qu'elles soient, ces questions seront passées sous silence : peu importent quelques droits de plus ou de moins dans le patrimoine, quand le patrimoine même est en jeu.

La personne, le patrimoine ne peuvent rester liés au cadavre et survivre ; il faut qu'ils périssent ou qu'ils émigrent, et c'est leur exode que nous voulons étudier ici.

48. *Survivance de la personne.* — Il serait absolument logique que la personne périt avec l'individu ; c'est pour

lui qu'elle avait été créée, pour son avantage, et l'instrument ne devrait pas survivre à l'usage. L'organisation
artificielle de la famille romaine a conduit à fausser
cette notion, et nous vivons encore aujourd'hui sous le
régime créé pour la Rome primitive. La personne n'é-
tait pas alors affectée aux individus comme aujourd'hui,
mais à la famille, ou plutôt un démembrement de la
personne avait été fait. Chaque homme libre, même fils
de famille, avait par lui-même une certaine capacité incomplète, d'abord limitée peut-être à l'ordre politique,
plus tard indéfiniment étendue dans l'ordre civil. Chaque agrégation familiale avait d'autre part une capacité
purement d'ordre civil et religieux, confiée au chef de
famille, et dans l'usage de laquelle il était aidé par les
autres membres, et par les esclaves. C'était la personne
la plus importante à coup sûr, celle dont le droit romain est sans cesse occupé. Le chef tombait-il? Aussitôt des membres de la famille désignés par la loi rele-
vaient la personne, comme sur le champ de bataille
on relève le drapeau qu'abandonne le porte-étendard
frappé.

La loi allait plus loin, elle préférait à son choix propre
celui du défunt, convaincu qu'il serait plus clairvoyant
qu'elle-même, si toutefois le testament proprement dit
n'est pas né d'un simple abus. La personne restait ainsi
indéfiniment debout, et quand on parle de sa transmission, on formule presque une inexactitude ; c'étaient les
hommes qui se succédaient pour la porter, les uns placés dès avant sous son ombre (*sui*), les autres qui venaient vers elle (*adire*) pour se placer dessous.

Survivant la personne, le patrimoine survivait aussi,
allégé seulement des droits dont la durée était subordonnée à l'existence de l'individu. En même temps les
dettes subsistaient, dettes qui autrement eussent péri.
Enfin les *sacra* demeuraient, exercés toujours par la

même personne, bien que la main du sacrificateur changeât.

A Rome, tout cela était artificiel, mais logique ; dans nos pays de droit écrit, où de l'organisation familiale romaine demeurait seulement l'ombre, la continuation de la personne n'était plus qu'une routine archaïque, affermie et maintenue debout par la règle coutumière : *le mort saisit le vif.* Dans nos provinces du Nord, les exigences fiscales, en créant par nécessité la règle de la saisine, et l'influence du droit romain venant à leur secours, faisaient adopter des principes faits pour un autre monde sans trop en scruter la valeur. Aujourd'hui le passé nous a légué le dépôt que lui avait fait Rome.

Nous sortirions de notre sujet si nous critiquions la continuation comme elle le mérite. La conséquence la plus monstrueuse et d'ailleurs la plus logique de l'idée romaine nous arrêtera seule un instant, car elle est unie à notre matière par les liens de la plus intime connexité.

Nous voulons parler de l'obligation aux dettes, pesant *ultra vires hereditatis receptæ* sur le continuateur de la personne. Il est profondément inique de voir l'héritier payer de ses propres biens les dettes du défunt, et supporter parfois les frais d'une existence de dissipation dont il n'a point goûté les plaisirs. Nous savons bien que l'héritier peut répudier la succession dévolue, que le bénéfice d'inventaire lui est ouvert, mais ne l'oublions pas non plus, les dettes peuvent se révéler seulement après coup, dans des circonstances impossibles à soupçonner d'abord, et le bénéfice d'inventaire est un chemin par lequel les maladroits arrivent parfois, sans s'en douter, à être réputés héritiers purs et simples. En toute hypothèse, l'obligation indéfinie aux dettes est un piège à imprudents. Qu'on supprime la fiction de continuation de la personne, ou du moins son abus (11), qu'on rende inutile et qu'on supprime le bénéfice d'inventaire, c'est le vœu de l'équité; au nom du bon sens, on devrait arracher cette page du Code.

49. *Hypothèses où le patrimoine se transmet avec la personne.* — La transmission du patrimoine et de la personne se fait dans tous et dans les seuls cas où il y a hérédité. Telle est la règle, car héritier est synonyme de continuateur de la personne.

En droit romain, la succession testamentaire, la succession *ab intestat* nous fournissent des exemples. La nécessité de l'adition, quand l'héritier n'est pas *suus*, présente en surplus un phénomène d'une originalité toute romaine, celui de l'*hereditas jacens*. La personne reste en quelque sorte cramponnée au cadavre du défunt jusqu'au moment de l'adition. Enfin, dans l'ancien droit, un tiers survenant pouvait ramasser le patrimoine qui était par terre, fondre ce patrimoine dans le sien, la personne dans la sienne, par l'effet de l'usucapion.

En France, avant la Révolution, la dualité de législa-

(11) La transmission de la personne, tant qu'elle se fait entre individus de même sang, et tant qu'on n'en exagère point la portée, cesse d'être une fiction maladroite et bizarre. Les récents travaux de l'école transformiste ont donné à la famille une base scientifique désormais inébranlable et singulièrement plus large que « les liens », que « la voix du sang », que toute la phraséologie d'autrefois. La transmission par génération des formes physiques, des aptitudes physiologiques, des vices et des vertus psychologiques, incontestée déjà depuis longtemps, est admise aujourd'hui comme s'accomplissant non-seulement de proche en proche, mais même par intervalles souvent énormes : l'atavisme ne connaît point de parenté trop lointaine, fût-elle à des dizaines, à des centaines de degrés. La notion d'alliance, regardée à tort comme artificielle, prend de son côté une base naturelle dans l'influence, maintenant prouvée, de l'acte sexuel sur les aptitudes génératives futures des individus qui y prennent part et sur les caractères physiques et moraux des produits des générations futures (stérilisation par influence, polarisation). Enfin, on est bien près de démontrer que la transmission par génération porte même, chose plus étonnante, sur les sensations et les sentiments, de telle sorte qu'une réminiscence peut se produire à l'intervalle de dix ou de cent générations. Nous voilà loin du simple rapport de cause à effet, de « l'amour que la nature met au cœur des parents », du « bienfait de ceux qui nous ont donné le jour »! La famille commence à se manifester comme une unité aux formes diverses, et non comme une multiplicité d'êtres absolument indépendants, et sans autre rapport qu'un fait de génération. Ce changement de notion est d'une importance capitale en droit naturel (Cp. Elias Brown, *Social and familial unity*, Philadelphie, 1877).

tion maintient face à face la continuation d'après le système romain dans le midi, et dans le nord la continuation d'après le système coutumier, au profit des seuls héritiers du sang ou contractuels. Aujourd'hui, la fusion s'est faite : les héritiers légitimes, les légataires et donataires universels sont continuateurs.

50. *Conséquences de la transmission.* — Le résultat de la fiction est très-simple. On détache la personne juridique du défunt, le centre de droit avec le patrimoine qui le suit, et tout cela va d'ensemble s'appuyer sur un individu nouveau. En droit romain ce changement pouvait s'opérer au bénéfice d'un individu jusque-là dépourvu de personne, ou, pour être exact, dont la personne était rudimentaire, d'un esclave : c'était le cas de l'*heres suus et necessarius*. En droit romain et en droit français, il peut s'opérer encore au bénéfice d'une personne sans patrimoine. D'ordinaire, l'espèce s'écarte de cette simplicité. Paul, héritier de Pierre, avait déjà une personne et un patrimoine : aura-t-il désormais deux personnes, deux patrimoines ? Non, sur-le-champ la fusion s'opère, les personnes n'en font plus qu'une, les patrimoines se confondent. Ce que Pierre avait promis, Paul est censé l'avoir promis, de même ce que Pierre s'était fait promettre ; l'un, c'est l'autre, le mort et le vivant arrivent à s'identifier (12).

51. *De la séparation des patrimoines.* — Cette confusion est pleine d'inconvénients, disons d'iniquités. L'héritier peut être ruiné, sa famille à jamais plongée dans la misère, par le fait du *de cujus* et souvent par sa faute ; les créanciers héréditaires peuvent voir le patrimoine du défunt, leur gage, s'engouffrer dans un patrimoine obéré de dettes bien supérieures à sa valeur, ils

---

(12) Il ne faut pas pousser les conséquences trop loin : ainsi on n'admet pas que les hypothèques légales grevant la généralité des immeubles de l'héritier s'étendent rétroactivement sur les immeubles héréditaires.

peuvent voir leurs espérances de paiement ajournées ou détruites ; les créanciers de l'héritier eux-mêmes sont en danger, car l'afflux des dettes, des droits passifs qui viennent s'attacher à la personne de leur débiteur leur crée une concurrence redoutable pour le moment de la liquidation du gage.

Aussi, c'est merveille de voir avec quelle fécondité la législation romaine s'évertue à créer des correctifs. Le préteur n'ose pas toucher au principe de la continuation des personnes, le joug religieux pèse sur lui, et quand les *sacra* s'en vont, quand la primitive organisation familiale s'en va, il reste encore le préjugé de la transmission du mérite et du démérite, basé sur une fausse conséquence de l'atavisme physiologique, et qui, de Chanaan jusqu'à nos jours, a dominé toujours les mœurs et souvent les législations.

Au *necessarius heres*, la *bonorum separatio* : le préteur, sur la demande du malheureux esclave institué que menacent des rigueurs pires que l'esclavage, ordonne que le gage des créanciers du défunt sera limité au patrimoine laissé. Aux *sui heredes* le *beneficium abstinendi*, compétant de plein droit. Les *heredes extranei*, les *bonorum possessores* sont sauvegardés par le droit commun, s'ils ne veulent pas payer, ils n'ont qu'à ne pas faire adition, à ne pas demander la *possessio :* la *restitutio in integrum* leur est cependant parfois gracieusement accordée en surcroit, quand ils se sont laissés prendre à de trop vraisemblables apparences. Le *jus deliberandi* leur permet d'ailleurs d'opérer à loisir les recherches nécessaires pour n'être pas dupes. Enfin Justinien, en créant le bénéfice d'inventaire, permit de faire adition sans danger ; le gage des créanciers héréditaires demeure comme dans la *bonorum separatio* limité aux biens venus du défunt : c'est encore une manière de séparer les personnes et les patrimoines.

Sommes-nous au bout ? Non certes ! Les créanciers du défunt ont aussi leur défense. Au cours ou au début de la *bonorum venditio* dirigée contre l'héritier, ils peuvent demander au préteur la *bonorum separatio*, s'ils n'ont encouru certaines déchéances. Les deux patrimoines sont alors vendus simultanément, mais séparément ; les personnes même restent distinctes, et le créancier du défunt est réputé si peu celui de l'héritier qu'il n'est point admis, de cas échéant, à prendre le supplément sur le prix du patrimoine de l'héritier, les créanciers de celui-ci payés. Deux patrimoines, deux personnes, le défunt que les créanciers connaissent seul, l'héritier qu'ils ne connaissent pas (*recesserunt a persona heredis*). Résultat profondément logique, profondément équitable, plus équitable que la règle à laquelle il fait exception, et trop souvent méconnu.

Quant aux créanciers de l'héritier, ils sont indirectement protégés quand intervient la *bonorum separatio*, ils le sont aussi quand le débiteur est loyal et a recours aux ressources ouvertes aux héritiers : quand il n'est pas loyal, ils ont eux-mêmes la Paulienne et font rescinder l'acceptation.

C'est tout enfin ! Mais que d'antidotes contre un seul poison ! et qu'il eût été plus simple de supprimer celui-ci ?

Avec le mal, la tradition nous a transmis le remède, mais chez nous l'appareil en est plus simple. Ne reste héritier qui ne veut : il est facile dès lors d'éviter sans détour le fléau des dettes héréditaires. Tient-on à accepter cependant ? Le Code conserve l'œuvre de Justinien, le bénéfice d'inventaire, ressource féconde d'ailleurs en périls et en tracas, en sujétions et en déchéances.

Nous avons aussi l'institution appelée entre toutes séparation des patrimoines, mais on se demande en quoi elle consiste aujourd'hui et on est peu d'accord pour répondre. A la fin du dernier siècle, la séparation se demandait et s'obtenait, non plus du préteur, mais des chancelleries (13), non plus au cours d'une *bonorum venditio,* mais d'une simple vente sur saisie d'objets héréditaires. D'autre part, l'effet était moins énergique, moins original qu'à Rome. Les patrimoines étaient séparés, non les personnes, les créanciers du défunt étaient créanciers de l'héritier, ils concouraient avec les créanciers non héréditaires sur le patrimoine du continuateur. Les créanciers de l'héritier, au contraire, n'étaient pas créanciers du défunt, n'avaient point l'hérédité pour gage, ce qui eût supprimé la séparation. Système gauche, illogique, avec un nom malencontreux : privilége de séparation. Quand les législateurs du Code votèrent le titre des successions, ils adoptèrent ce système, fixant à trois ans le délai pour invoquer le remède quant aux meubles, permettant de l'invoquer quant aux immeubles tant qu'ils existeraient « dans la main » de l'héritier. Plus tard, en votant le titre des priviléges et hypothèques, on y intercala l'article 2111, aux termes duquel le « privilége » sur les immeubles de la succession se conserve par une inscription faite dans les six mois.

Alors tout fut changé, dit-on ; quant aux immeubles, l'ancien système fut remplacé par un nouveau. Désormais il y a privilége dans le sens technique, droit de préférence, droit de suite, situation presque en tous points analogue aux priviléges du vendeur, du copartageant. Conclusion téméraire s'il en est ! Quoi ! sans qu'un mot ait été dit, soit au Conseil d'État, soit au tribunal, soit au Corps législatif, sans qu'une syllabe des travaux préparatoires y fasse allusion, une législation quinze fois séculaire aurait été changée, des articles à peine votés abrogés sans merci ! Mutisme merveilleux et fécond en effets, silence mille fois plus redoutable

(13) Les lettres de chancellerie, au témoignage de Lebrun, tombaient même déjà en désuétude de son temps.

que celui de Tibère ! Mais le Code est là, dit-on, les textes parlent, et c'est assez. Non certes ! car que disent-ils au fond ? Veut-on parler du mot « privilége » ? Les législateurs l'ont pris dans une locution toute faite, où il n'avait point son sens technique, dans une locution que nous connaissons, et déjà critiquée à dessein. Veut-on argumenter de la place du texte ? Elle s'explique aisément ! On soumet l'exercice du droit à la condition d'une inscription prise dans un certain délai, rien n'est plus naturel que de mettre l'article 2111 à la suite d'articles contenant des prescriptions semblables, le titre des successions, où il eût été plus à sa place, étant définitivement clos. Invoque-t-on enfin l'article 2113, qui traiterait sur le même pied la séparation et les véritables priviléges soumis à inscription ? Dut notre réponse paraître audacieuse, nous répondrons : Il ne paraît point à nos yeux que l'article 2113 soit nécessairement applicable à la séparation ! La section tout entière est une série d'amendements au projet primitif du Code, et les amendements en général ne brillent point par la cohérence. Ayant à intercaler l'article 2111, on le plaça après l'énumération des priviléges soumis à inscription ; mais eut-on l'intention de le soumettre lui aussi au régime de l'article 2113, d'abord préparé pour les priviléges proprement dits ? On ne peut prouver le contraire, mais on ne peut davantage affirmer avec certitude, et un doute plane dès lors sur tous les arguments que pourrait fournir l'article 2113.

52. *De la transmission à plusieurs.* — Pour curieuses que puissent être ces remarques, elles n'ont point droit à une attention plus longue : nous devons étudier maintenant comment le patrimoine se fragmente quand il y a plusieurs héritiers, nous devons étudier aussi l'action universelle à laquelle il donne lieu quand un conflit s'élève entre vrais et faux héritiers.

Le patrimoine, du vivant de l'individu, est un et indivisible comme la personne; mais, quand vient la mort, il se divise au besoin. La personne est susceptible d'être envisagée doublement : comme capacité pure, et comme centre de droits actuellement existants. Il n'y a guère à s'occuper, une fois l'individu mort, de l'aspect capacité, l'aspect centre actuel de droits prédomine. Matérialisons, comme nous avons déjà appris à le faire, ce centre et l'ensemble des droits : il naît comme une étoile aux rayons multiples. Donnons-lui de l'épaisseur, et la propriété de se dédoubler, comme l'ardoise, de se détripler, de s'émincer à l'infini ; nous comprendrons aussitôt comment la personne et chaque droit passe à chaque héritier, comment cependant ils ne passent que divisés en parts souvent inégales. Cette analyse se complète par une synthèse : replaçons ces couches les unes sur les autres, nous recomposons le patrimoine et la personne : c'est ainsi qu'on peut faire comprendre comment l'ensemble des héritiers et des parts représentent devant les tiers le défunt et ses biens.

53. *Suite.* — La doctrine que fait saisir cette image est à peu près celle du droit romain. A l'instant où la translation est consommée, chaque héritier est une moitié, un tiers, un quart de créancier, de débiteur, de propriétaire ; chaque héritier a une moitié, un tiers, un quart de chaque créance, de chaque dette, de chaque propriété. Ces deux notions, l'une relative à la personne, l'autre au patrimoine, se complètent l'une par l'autre.

Quant aux dettes et quant aux créances, la loi des XII Tables montrait déjà la répartition comme définitive. Quant aux objets matériels, au contraire, on comprend que tout n'est pas fini. Ces droits indivis créés sur chaque objet ne peuvent être considérés comme une répartition définitive. Une nouvelle répartition a lieu

par partage, mais ce partage revêt nettement le caractère d'un échange. Chacun abandonne à chacun sont
droit indivis sur les objets qui tombent dans le lot d'autrui. Il y a donc deux états successifs, dont le second
n'est point rétroactif. Dans le temps antérieur au partage, chacun peut consentir des droits réels qui subsis-
teront même sur les objets dévolus ensuite à un copartageant ; d'autre part, nul ne peut sans plus-pétition
intenter la pétition d'hérédité pour le tout, ni revendiquer
pour le tout.

54. *Suite.* — En droit français, les solutions changent.
L'intervention des règles nouvelles sur la saisine et les
effets du partage jette un trouble profond dans les données du problème. Cinq thèses résument assez bien
le droit contemporain, tel que les interprètes l'entendent
aujourd'hui.

A. *Quant à la personne et aux dettes, la règle romaine
subsiste.* — Les derniers mots de l'article 1220 sont formels ; en disant des héritiers qu'ils sont poursuivables
pour les parts « dont ils sont tenus comme représentant
le débiteur », ce texte suppose évidemment : 1° que
chaque héritier représente le défunt pour partie seulement et non pour le tout, et cela dès l'origine ; 2° que les
dettes sont proportionnellement divisées. Rien n'est
changé par le partage à cet état de choses, le partage
porte sur le patrimoine et les dettes n'en font point partie.

B. *Les héritiers sont saisis indivisiblement de l'hérédité.* —
Chacun est ainsi saisi du tout, et peut exercer la pétition
d'hérédité pour le tout. Cette règle, qui nous semble
cadrer assez mal avec la précédente et les suivantes,
a pour but principal d'expliquer le non-décroissement.
Sans entrer dans des critiques susceptibles de nous
entraîner 'n de l'étude directe du patrimoine, nous
ferons observer qu'en droit romain, où cette règle n'existait pas, où la pétition totale de la part d'un héritier

partiaire était frappée des peines de la plus-pétition, on expliquait très-bien le non-décroissement. Vocation éventuelle au tout ne veut pas dire que chacun acquiert le tout dès l'origine, une simple saisine indivise, mais pour une quotité d'abord incertaine comme maximum, suffit à tout expliquer (14).

c. *Les héritiers sont saisis indivisément de chaque corps héréditaire.* — Leur état est l'état ordinaire des communistes, chacun peut revendiquer pour partie et obtenir ainsi non pas une délivrance pour part idéale, chose impossible, mais une reconnaissance judiciaire de son droit.

d. *Les héritiers sont saisis divisément de chaque créance.* — C'est la disposition formelle de l'article 1220, mais cette saisine est seulement provisoire.

e. Le partage anéantit l'hérédité, fait des corps une répartition divise rétroactive, des créances une répartition divise, définitive, et à certains points de vue rétroactive.

55. *Conflit entre vrais et faux hériti* — Nous avons annoncé comme possible un conflit entre vrais et faux héritiers. Quelle situation ce conflit fait-il au patrimoine du défunt ? Nous ne voulons pas étudier ici la pétition

---

(14) De l'indivisibilité de la saisine on déduit aussi l'impossibilité généralement admise d'accepter seulement pour partie. Cette impossibilité peut se justifier autrement. La loi permet bien aux testateurs de déroger dans une certaine mesure à ces règles sur la dévolution de l'hérédité. Mais c'est au testateur même, avec lequel elle s'identifie un instant, qu'elle permet de prescrire des dérogations ; les héritiers n'ont qu'un droit, prendre ou laisser. La loi donnait dix à Paul, le testateur lui a donné douze, il prendra ou laissera, mais ne pourra réclamer six, et laisser le reste. Il ne le pourra pas plus qu'il ne pourrait ajouter un terme ou une condition à la disposition : il n'a point qualité pour la modifier. En vain dirait-on qu'il peut accepter, mais aussi renoncer, et qu'il a accepté pour moitié, renoncé pour moitié : les deux décisions lui étaient permises, il est vrai, mais d'une manière distributive, et non cumulative. Tout ou rien : aussi estimons-nous absolument sans valeur pratique les autorisations d'accepter pour parties données quelquefois aux établissements publics. Un particulier qui accepte pour partie est, dans l'état actuel de la jurisprudence, censé avoir accepté pour le tout ; l'établissement devrait être, à notre avis, considéré au contraire comme n'ayant pas reçu d'autorisation et comme ayant fait en acceptant un acte inutile.

d'hérédité dans ses détails, mais dans ses rapports directs avec notre sujet.

Pierre se donne pour l'héritier de Jacques, et parait l'être : il occupe la maison du défunt, cultive son champ, perçoit ses créances et paie ses dettes. Survient Paul qui prétend être le véritable héritier. La situation est à peu près celle d'un absent qui reviendrait et serait méconnu par l'envoyé : Paul, dans l'instance, affirme que la personne du défunt est la sienne, ou du moins fondue dans la sienne, que le patrimoine du défunt est le sien, ou fondu dans le sien ; c'est une vraie revendication de patrimoine après décès. Durant le litige, la personne, l'hérédité ne sont aucunement en suspens : on ignore seulement sur quelle tête elles se sont reposées, on attend le jugement pour l'apprendre.

Quand le juge a parlé, et quand son arrêt est en faveur du demandeur, on a à régler toute une série de restitutions. Il faut déterminer les objets sur lesquels portent les droits compris dans le patrimoine : le droit est à Paul, l'objet doit lui être remis. Cette détermination s'opère en appliquant le principe de la subrogation, et les diverses conséquences étudiées à propos de la revendication de patrimoine faite par le vivant lui-même, au retour d'une absence (15).

(15) Il y a une différence quant aux fruits, qui ne se rendent pas sur la revendication de patrimoine faite par l'absent, et doivent se rendre sur la pétition d'hérédité. Nous nous sommes toujours demandé pourquoi on faisait le raisonnement suivant sur l'article 138 : « La réclamation de l'absent est une pétition d'hérédité, on n'y obtient pas les fruits, donc ils ne se restituent pas dans la pétition d'hérédité ». C'est comme si on disait : « Sabinus était jurisconsulte et Sabinien ; donc, les jurisconsultes étaient Sabiniens, donc Proculus était Sabinien ». On ne s'est pas aperçu que dans l'ancien droit, au moment même où Pothier formulait dans le traité de la propriété les règles de la restitution des fruits sur la pétition d'hérédité, des arrêts posaient déjà comme exception le cas où le véritable héritier aurait été tenu pour mort. Cette exception a d'autant plus facilement été acceptée par nos législateurs, qu'ils privaient même l'absent du revenu de ses propres biens. Mais où voit-on qu'ils aient voulu en faire la règle? D'autre part, invoquer l'article 549 est au moins maladroit. La règle de l'acquisition des fruits par le possesseur de bonne foi a coexisté depuis deux mille ans avec la règle *fructus augent hereditatem*, elle ne s'est jamais étendue aux universalités, pourquoi, sans texte formel, l'étendrait-on ainsi aujourd'hui? Nous renvoyons pour plus d'explications à notre travail sur *la pétition d'hérédité*, couronné en 1877.

CHAPITRE TROISIÈME.

FIN DU PATRIMOINE PAR L'EXTINCTION DE LA PERSONNE.

56. *Influence sur le patrimoine de l'extinction de la personne.* — Quand la personne vient à périr, le patrimoine s'anéantit, et cette fois sans retour : il n'existait que par elle. Il peut néanmoins survivre beaucoup des droits qui le composaient, et ces droits persistent parce que la loi les a rattachés instantanément à une autre personne.

57. *Des cas d'extinction de la personne.* — Entre le droit romain et le droit français il existe une différence profonde. Les personnes morales mises à part, l'extinction n'arrive en droit français que par le décès de l'individu. En droit romain, il périssait plus de personnes du vivant de leur porteur que par son décès sans héritiers. La *capitis deminutio* peut à bien des égards être envisagée comme un changement de personne, souvent accompagné d'extinction de celle-ci. Mais il est très-important de remarquer l'étendue limitée de ce phénomène.

Prenons pour exemple l'adrogation. L'adrogé perd instantanément la capacité de supporter sa personne familiale, et la loi n'admet point qu'elle soit transmise à l'adrogeant. Elle meurt donc. Toutes les dettes s'éteignent sur-le-champ, le patrimoine se dissout, les droits sont cependant rattachés par la loi à la personne de l'adrogeant qui les sauve. Mais, la personne familiale anéantie, subsiste la personne individuelle, jusque-là confondue avec elle. Le fils de famille peut avoir une personne de ce genre, et ainsi se sauvent certains droits et certaines dettes, les dettes délictuelles et les droits capables de constituer un pécule *castrans*. La théorie du dédoublement des personnes explique très-bien l'apparente incohérence des résultats de l'adrogation. Elle est d'ailleurs aussi applicable, avec quelques conséquences de moins, aux cas où une femme tombe *in manu*, où un homme libre devient esclave ou perd la cité.

Un pâle et lointain reflet de la législation romaine pouvait se discerner dans la mort civile du droit français. Le condamné mourait vivant, son patrimoine passait à ses héritiers, sa personne s'éteignait ou leur était transmise, et il conservait cependant jusqu'au décès physique soit une personne nouvelle, soit un démembrement de la première. Aujourd'hui un tel état de choses a cessé. La personne peut être restreinte quelquefois, la nature seule l'anéantit, en frappant l'homme.

58. *Dissolution du patrimoine*. — La personne morte, il n'y a plus rien qui nous touche, ce qui survit nous est étranger. Ce qui survit, ce n'est plus une universalité, c'est un simple ensemble de biens, sans unité, sans vie, le cadavre d'un patrimoine. Disons mieux, il ne reste rien : les éléments sont instantanément dissociés et viennent se fondre dans divers patrimoines désignés par la loi. Tout l'actif se trouve ainsi dévolu, la volonté du législateur a donné un point d'attache aux liens brisés et flottants ; quant au passif, ce qui se passe est plus curieux. En théorie, les dettes périssent avec la personne, mais la vocation est aux *bona*. Or, d'après la règle romaine encore applicable aujourd'hui, *bona non intelliguntur nisi deducto ære alieno*. Le droit du successeur aux biens ne porte que sur le reliquat, s'il en est un ; la loi lui impose directement le devoir de satisfaire les créanciers jusqu'à concurrence de l'actif, mais il n'est pas tenu au delà ; son obligation est purement occasionnelle et disparait avec les derniers écus du défunt.

Les droits passifs subissent ainsi une altération profonde au moment où la personne succombe et où ils sont liés à une personne nouvelle, altération qui, fixant à jamais leur consistance d'après le gage laissé, peut équivaloir quelquefois, en cas d'insolvabilité du défunt, à une véritable annulation d'efficacité. Quand il existe un héritier, au contraire, la créance, illusoire contre le défunt, peut devenir tôt ou tard efficace par la solvabilité de l'héritier ou des héritiers de l'héritier. Au précédent chapitre le patrimoine-gage demeurait vivant, ici le patrimoine est mort, et bien mort, on ne peut espérer qu'il augmente et devienne solvable.

PARTIE SPÉCIALE

LÉGISLATION D'EXCEPTION, DROIT ROMAIN

59. Dans notre première dissertation sur le patrimoine nous avons étudié, avec le droit français pour repère, le droit commun des législations. Chez certains peuples ce droit commun s'est réalisé fort mal ou fort tard, et l'organisation factice donnée au patrimoine à l'origine de beaucoup de cités antiques s'est réfléchie dans leurs législations postérieures. Athènes, Sparte, Rome s'écartent sur bien des points des voies que nous avons tracées, et se placent sur un terrain de pure convention. La raison de cette tendance des villes anciennes est facile à saisir. D'abord presque toutes se forment par colonisation : à Sparte les Doriens, à Athènes les Iônes, à Rome les Pélasges. Dans un tel milieu les législateurs *a priori* sont à leur aise. D'autre part, chaque cité n'a qu'un territoire fort restreint, et les relations extérieures sont toujours pleines de défiance : la constitution primitive se maintient donc une et sans mélange, ou se renouvelle en bloc avec facilité. Les législations modernes, au contraire, sont basées sur une tradition bien des fois séculaire, et sur le mélange d'usages différents qui ont forcé à prendre un moyen terme ; enfin le droit romain les imprègne et leur donne un cachet uniforme dont les législations antiques étaient dépourvues.

A côté du droit commun nous pourrions donc étudier le droit exceptionnel de nombreuses cités : nous allons faire cette étude pour Rome, voir l'organisation qu'elle a donné d'abord au patrimoine, la transformation opérée

par le temps, l'institution des pécules, et consacrer à
ces recherches trois titres fort brefs.

TITRE PREMIER

PREMIÈRE ORGANISATION DES PATRIMOINES A ROME

60. *Du communisme primitif à Rome.* — Reconstruire
avec des témoignages confus, avec des traditions falsi-
fiées à plaisir par le patriotisme romain, avec des débris
d'institutions qui dans un âge plus récent symbolisaient
les pratiques effectives d'un âge plus ancien, reconstruire avec ces miettes de vérité la vérité tout entière,
évoquer du néant la primitive organisation de Rome,
c'est une tâche trop délicate pour être entreprise ici en
détail. Nous voulons tracer à grands traits comme la
paléontologie du patrimoine, le reconstituer tel qu'il a
pu être, mais nous borner à ce qui le touche de plus
près, laisser dans l'ombre tout ce qui lui tient de trop
loin : l'œuvre entière serait d'un Niebuhr.

La Rome que nous connaissons est née d'un acte de
brigandage. Romulus est un malandrin qui, ayant sac-
cagé Albe, ne put s'y maintenir, s'empara ensuite d'un
petit *oppidum*, l'hypothétique *Remuria*, la ville innomée
de Festus et de Philargyrius, l'asservit, le transforma,
en fit le berceau de ceux que Galgach, l'agitateur bre-
ton, flétrira plus tard d'une impérissable épithète, *rap-
tores orbis !* La ville, le territoire, les habitants, leurs
biens deviennent la propriété des vainqueurs. Ceux-ci,
trop faibles pour se maintenir, appellent à leur aide
d'autres bandes, des Sabins, des Étrusques ; ces éléments se juxtaposent sans se confondre, et se confondent ensuite, et sont noyés dans un flot immense
d'immigrants volontaires ou forcés.

Pendant cette période le droit privé est à naître, le

communisme règne, tout naturel entre gens qui viennent de prendre une chose en commun, et qui sont asso-
ciés pour la défendre. Il y a un patrimoine de l'État,
mais c'est à peine si un patrimoine rudimentaire existe
au profit des individus, hommes pauvres attirés par
l'espoir du butin. Ce que ces guerriers avaient en montant à l'assaut, en venant s'établir sur le sol conquis,
ils le gardent sans doute, mais qu'avaient-ils ? Leurs
armes, et quelques effets mobiliers. La victoire a donné
plus : des terres, des bestiaux, des esclaves en nombre,
des œuvres d'art et des meubles de valeur. Tout cela
est le bien commun, non celui des hommes. La coutume était telle dans l'antiquité, et les auteurs anciens
nous en donnent de bonnes raisons. On ne pouvait, en
effet, laisser chacun se faire une part à l'aide du pillage
sans créer des rivalités, causes de rixes sanglantes ; il
fallait aussi donner une récompense aux réserves, et à
tous ceux qui, contribuant autant que les autres à la
prise, restent cependant en armes pendant que leurs
frères recherchent le butin. Chez les Romains, depuis
les rois jusqu'à la chute de l'Empire, nous voyons toujours le butin réparti entre les vainqueurs par un partage régulier, non par le hasard de la prise.

61. *Du partage.* — L'état primitif d'indivision est attesté
par l'accord unanime des auteurs anciens, le partage
par lequel il prit fin nous est aussi raconté en détail, du
moins quant aux terres conquises. Le territoire fut
d'abord partagé en trois lots, un pour chacune des tribus de race différente qui constituaient la cité romaine.
Chaque tribu reçut ainsi son patrimoine divis par rapport aux deux autres, indivis par rapport aux *tribuli ;*
elle avait d'ailleurs sa personne, ses *sacra.* Dans chaque
tribu un partage nouveau s'opère entre les dix curies
qui la forment, chaque curie ayant une personne, surtout politique et religieuse, ayant des *sacra* (*curionia*

sacra), acquiert ainsi un patrimoine. L'indivision va ainsi se restreignant peu à peu ; ce n'est plus entre citoyens qu'elle existe, c'est entre *curiales*. On peut douter cependant que les partages aient été poussés d'abord jusqu'à établir la propriété individuelle. Cette dernière étape n'aurait été franchie que sous le règne de Numa, et jusque-là la propriété serait restée collective à peu près au degré qu'on observe aujourd'hui chez nos Arabes d'Algérie. Varron témoigne cependant que, du temps même de Romulus, le partage définitif aurait été accompli, chaque citoyen recevant deux jugères de terre (16). Chose certaine, on finit par en venir là, mais on peut se demander si on y arriva directement. Au-dessous des curies, les décuries (*de curiis*, sous curies, division des curies) ne furent-elles point parties prenantes dans un partage du patrimoine curial ? Si les décuries ne sont pas déjà les *gentes*, n'y eût-il pas une répartition nouvelle entre les *gentes* d'une même décurie ? Ces *gentes* n'auraient-elles pas été les familles naturelles ou civiles existant au moment de la répartition ? Un nouveau partage n'aurait-il pas eu lieu entre les membres de chaque *gens*, appelés désormais à constituer chacun une famille distincte ? Tout cela est assez logique pour être vraisemblable, et éclaircirait, si on pouvait le démontrer, plus d'un intéressant problème. On comprendrait ainsi pourquoi la vocation héréditaire des agnats, membres de la même famille, pourquoi celle des gentils, venant après ; la succession serait un simple retour aux copartageants, soit des partages familiaux qui se sont indéfiniment reproduits, soit des partages entre *patresfamilias* survenus à l'origine de la cité romaine.

Les auteurs ne nous parlent point des terrains situés

---

(16) *De re rustica*, l. 1, ch. 10 : « *Antiquus noster, ante bellum punicum pendebat bina jugera quæ a Romulo primum divisa dicebantur viritim : quæ quod heredem sequerentur, heredium adpellarunt* ».

dans l'enceinte de Rome. Il est probable que dès la construction de la ville un partage en fut fait. Quant aux meubles, ils n'en parlent pas davantage.

Une remarque importante peut être faite au sujet des effets qui furent ainsi l'objet du partage primitif. Quand dans les jurisconsultes nous trouvons la grande division des choses en *res mancipi* et *res non mancipi* présentée comme remontant aux origines mêmes de Rome, il est impossible de n'être pas frappé du rapport d'analogie existant entre les objets primitivement partagés entre les vainqueurs et ceux qualifiés *res mancipi*. Les *res mancipi* nous apparaissent aussitôt comme ayant été à l'origine les choses enlevées aux vaincus et partagées ; plus tard on appela *res mancipi* les choses de même nature. L'étymologie du mot (*manu capere*) donne une vraisemblance d'autant plus grande à cette hypothèse. En vain explique-t-on *res mancipi* par le mot *mancipium*, propriété, nous répondrons que le mot *mancipium* lui-même implique l'idée primitive de pillage et de butin. En bonne philologie, *mancipium* est la *propriété venue de la capture*, comme *res mancipi* est la *chose venue de la capture*.

62. *Du patrimoine après le partage.* — Après le partage, chaque père de famille nous apparaît comme ayant un patrimoine distinct et d'une étendue sérieuse. Quand nous disons père de famille, c'est pour nous conformer à l'usage, qui traduit ainsi le mot *paterfamilias*. En réalité, dans *paterfamilias* il n'y avait rien d'analogue, surtout à l'origine, à ce que fait supposer la maladroite traduction littérale de l'usage. *Pater* ne veut point dire seulement ce que signifie *parens*, il veut dire surtout *celui en qui est la puissance*. *Pater* était le titre des dieux, des rois, des sénateurs, et dans la bouche du Romain n'avait point le sens caressant de la langue française. *Paterfamilias* est donc celui qui a autorité sur la *familia*. Le mot *familia* lui-même n'a dû acquérir que fort tard le sens du mot français *famille* : *familia*, c'est philologiquement la collection des *famuli*, et *famulus* c'est l'esclave de même race que le maître, le guerrier, la femme, l'enfant de la nation voisine, réduit par le sort de la guerre à une condition inférieure. Le sens du mot a été étendu ensuite. Il signifie *patrimoine* dans la locution *familiæ erciscundæ*. Dans *paterfamilias*, outre ce sens, il signifie en même temps sans doute les personnes libres en puissance, mais n'oublions pas que ces personnes, à l'origine du moins, avaient un pied dans l'esclavage. L'anecdote des Sabines et d'autres du même genre nous montrent la famille naturelle se constituant par le rapt, et un *mancipium* révélé par la *manus* du droit postérieur pesait sur ce butin raisonnable. Quant aux enfants, la règle qui leur fait suivre le sort de la mère concourt à expliquer la puissance paternelle et la faculté d'aliéner l'enfant, de le faire passer sous le *mancipium* d'autrui.

Le patrimoine primitif du *paterfamilias* comprenait, nous l'avons dit, des éléments fort variés : aux armes, aux objets mobiliers apportés dans son immigration, le guerrier a joint sa part de butin en bestiaux et en esclaves, sa maison, le terrain qui lui a été concédé. Il comprend aussi, à vrai dire, la femme, du moins quand elle a été acquise par fait de guerre, et les enfants issus d'elle. A côté de cette sorte de concubinat se trouvait sans doute un mariage légitime, des *nuptiæ per confarreationem*, contractées avec des femmes venues du pays des vainqueurs ou des immigrants.

Le fonds rural était la partie la plus importante du patrimoine. Maître, famille, bestiaux, tout vivait de lui. Ce petit champ s'appelait *heredium*. Les étymologistes font venir *heredium* de *heres*, héritier, parce qu'il faisait à lui seul la partie la plus importante de l'*hereditas*. Qu'on renverse les termes de cette étymologie, on sera plus près de la vérité, et encore ne la touchera-t-on pas. *Heredium*, c'est la chose soumise au *herus*, le mot *herus* veut dire lui-même propriétaire *foncier*, et *heredium* correspond non-seulement à notre ancien terme juridique *héritage*, mais encore au mot de *seigneurie* (17). De *heredium* on a fait *peteredium*, et l'action ainsi appelée n'est pas, comme on l'a dit, la pétition d'hérédité, c'est surtout la revendication d'immeubles ruraux.

63. *De la condition du patrimoine.* — Le mode de constitution du patrimoine a eu sur sa condition ultérieure une influence immense et qui ne s'est jamais bien effacée. Les biens viennent d'en haut, ils arrivent aux particuliers par une série de partages et de subdivisions : principe fécond en conséquences, et dont l'énoncé éclaire d'une vive lumière l'étrange régime de la propriété et du patrimoine. Au-dessus du droit individuel plane une réminiscence, comme une ombre des droits collectifs antérieurs. Ainsi s'expliquent les confiscations, frappant tantôt des objets individuels, des immeubles par exemple, tantôt l'universalité même du patrimoine. De là le système des successions, basé sur une idée de réversion plutôt que sur l'affection présumée du défunt (18). De là enfin, la surveillance de la société, s'exerçant sur les individus avec une plénitude qui ne saurait être autrement expliquée.

(17) Les Anglo-Saxons ont introduit dans la langue juridique anglaise deux mots aujourd'hui vieillis qu'il est bon de rappeler : *heer* pour seigneur, *heerdom*, au lieu de l'allemand *herrschaft*, et comme *kingdom*, pour seigneurie. C'est exactement *herus* et *heredium*. L'étymologie vulgaire, déjà fournie par Varron, est d'ailleurs absurde. La racine dont la forme la plus simple est ᶜR, signifie puissance et maîtrise ; on la retrouve sous la forme KR dans κρατεω, dans κυριος ; sous la forme SR dans *sir*, *sire*, *sieur* ; sous la forme HR dans *herr*, *heer*, *herus*, *hère*. La filiation de *heres*, de *hereditas* est complètement indirecte. En philologie, ce qu'on exprime par *hereditas* s'exprimerait mieux par *patrimonium*, et réciproquement.

(18) Il est clair que la délation de l'hérédité n'a point lieu en tenant compte des liens du sang, mais par des raisons purement politiques, puisque l'enfant ne succède pas à sa mère, le fils émancipé à son père, puisque l'étranger adrogé et adopté enlève une part aux descendants naturels.

7

Cette surveillance mérite une attention profonde, une étude particulière. La Rome primitive nous donne le spectacle de l'individu absorbé en quelque sorte par l'État. Dans les sociétés au berceau on voit assez fréquemment ce spectacle : l'individu semble fait pour l'État, tandis qu'en réalité l'État n'a de raison d'être que l'avantage de l'individu. Mais peu à peu la nature des choses finit par l'emporter, l'individualisme prime le socialisme et les doctrines archaïques de celui-ci s'évanouissent devant le progrès. Il est peu d'histoire où cette lutte se voie aussi bien que dans celle du droit romain. L'histoire de la législation romaine, enseignement profond pour le penseur, n'est qu'une longue et victorieuse réaction de l'individualisme contre le socialisme primitif. Rome n'eut été que Sparte, elle devint Athènes.

Passons sous silence l'intervention de la société en ce qui concerne surtout les personnes, l'organisation de la famille, l'adrogation par exemple, où l'intervention directe du peuple tout entier est nécessaire. Il faut une loi pour qu'un homme entre dans une famille et perde sa personne. Occupons-nous seulement de ce qui est notre domaine direct, du patrimoine et des biens. Dans la mancipation nous retrouvons l'intervention directe du peuple, elle est dans le jugement des procès, dans les testaments ; elle est partout. On ne peut sans une loi faire passer certains objets d'un patrimoine dans un autre, transférer le patrimoine à un tiers, les procès qui pourraient cacher une fraude à cette prohibition sont l'objet d'une surveillance jalouse.

64. *De la mancipation.* — Dans le droit classique nous trouvons une forme d'aliénation entourée de symboles étranges, et réservée d'une manière exclusive à certaines choses. Ces choses, ce sont celles que nous avons appelées *res mancipi ;* les symboles sont une ba-

lance et un petit lingot avec lesquels on feint une pesée, ils sont la présence d'un porte-balance et de cinq
personnes remplissant les conditions nécessaires pour
prendre part aux comices. La mancipation est le fantôme
d'une institution qui a vécu aux premiers temps de Rome,
et que l'impossibilité pratique a fini par tuer. Des auteurs font bon marché de ces symboles, nous croyons
au contraire qu'ils sont un irrécusable témoignage des
usages primitifs. On ne symbolise pas pour symboliser,
mais pour simplifier. Quand de nos jours on nous montre le paysan Jerséen se jetant à genoux en plein
champ pour proférer les paroles consacrées de la cla-
meur de haro (19), derrière cette cérémonie ridicule
nous voyons les formes remplies autrefois devant le
duc justicier. De même dans le lingot nous voyons l'*œs
rude* qui servait de moyen d'échanger aux premiers
Romains, dans la pesée fictive nous voyons la pesée
effective, et dans les cinq citoyens le peuple avec ses
cinq classes réunies pour voter. Aussitôt nous concluons :
à l'origine l'aliénation des *res mancipi* ne pouvait avoir lieu
qu'en présence du peuple, autorisant l'acte au moins par
son silence. Quoi de plus intolérablement gênant, mais
aussi quoi de plus logique ? L'État a concédé, il est naturel
qu'il surveille et autorise les changements de concessionnaire. L'individu a intérêt à aliéner : peu importe, il
faut voir d'abord si cela ne nuit ni à l'État devant qui lui
n'est rien, ni aux *gentiles*, aux agnats, appelés éventuellement au retour, ni aux *sui*, appelés éventuellement
aussi à la succession.

L'*œs et libra* n'était pas seulement un moyen de réaliser les ventes ou les donations ; on l'employait aussi

(19) « Haro, Haro, Haro, trois fois Haro! Justice, ô mon duc, on me fait violence ». Ce
procédé bizarre d'introduire l'instance est encore assez usité, la procédure qui s'ensuit étant
fort rapide et sommaire. Nous empruntons cette formule au *Droit*, qui la reproduisait lui-
même au sujet d'une semblable instance jugée il y a quelques mois.

en matière d'obligations, et il est probable que les symboles ne furent point, là non plus, adoptés sans raison, que l'État intervenait autrefois d'une manière directe. Nous en dirons autant de l'aliénation des enfants par le père, où l'État était doublement intéressé : d'abord parce qu'il y avait aliénation comme d'une chose *mancipi*, ensuite parce qu'un citoyen sortait de sa *familia*, subissait une *capitis deminutio* entourée de conséquences graves, et perdait probablement l'exercice de ses droits de citoyen par le fait et la volonté d'autrui.

65. *Des testaments.* — C'est surtout en matière de testaments que l'État se montre vigilant et que cette vigilance se prolonge davantage d'une manière effective. Pour les *res mancipi*, considérées *ut singula*, nous avons dû argumenter pour démontrer la nécessité primitive de l'intervention du peuple dans leur aliénation. On ne voit que les symboles, la première désuétude des réalités se cache dans l'obscurité d'époques inconnues. Ici l'histoire nous montre d'abord le peuple effectivement assemblé, délibérant en comices curiates et rendant une loi pour permettre le passage d'un patrimoine d'un citoyen à un autre. Plus tard seulement, quand la rigueur de la constitution s'adoucit, des tempéraments surviennent : le testament *in procinctu*, où le peuple est tant bien que mal remplacé par une partie de lui-même ; le testament *per æs et libram* où il est remplacé d'une manière dérisoire par cinq représentants. Peu à peu nous voyons ainsi la réalité disparaître et la fiction demeurer : les cinq témoins ont même survécu au testament *per æs et libram*, ils se sont perpétués jusque dans le droit de Justinien et des Byzantins, jusque dans notre ancienne législation française et dans la plupart des législations contemporaines de l'Europe et de l'Amérique, symbolisant ainsi par leur nombre les cinq classes de Servius Tullius, près de trois mille ans après qu'elles ont cessé de concourir en réalité à la confection des testaments.

L'intervention primitive et longtemps persistante du peuple dans les testaments s'explique par des raisons nombreuses et graves. Non-seulement le patrimoine comprend d'ordinaire des *res mancipi*, mais n'en comprit-il pas, son importance intrinsèque dépasse celle d'un bœuf ou d'un esclave, d'un cheval ou d'un bout de terre dans des proportions assez considérables pour expliquer la surveillance de l'État. D'autre part, la translation du patrimoine n'est qu'une conséquence de celle de la personne, qui intéresse elle-même au plus haut point la société. Les règles de l'organisation familiale vont se trouver violées, les *sui* se trouveront privés de la personne sous laquelle ils auront vécu avec leur père, des biens iront à ceux qui ne devaient pas les recevoir, le trouble sera apporté dans cette constitution minutieuse dont le législateur était jaloux de maintenir les moindres détails.

66. *Du tribunal centumviral.* — Il n'est point de société si bien réglée que des procès n'y éclosent, et le génie romain en particulier était fort porté à la chicane. N'était-il point à craindre que, sous couleur de procès, les parties ne s'entendissent pour tourner les exigences de la loi ? Pour éviter les formalités et les gênes de l'intervention du peuple, on aurait feint un litige, l'aliénateur se serait mal défendu, se serait fait condamner, chose facile avec la procédure bizarre et formaliste du temps : en définitive, les biens auraient pu se transmettre, l'état des personnes se modifier en dépit des précautions du législateur. Nous voyons dans le tribunal centumviral une garantie prise contre ces fraudes.

La nature de la compétence conférée aux centumvirs est bien significative. Les questions de propriété quiritaire, d'état, d'hérédité leur sont réservées, eux seuls peuvent en connaitre, et ils ne connaissent pas d'autre chose. Le but de l'institution se comprend encore mieux si l'on examine la composition du tribunal centumviral. Les membres sont annuellement élus par le peuple, à raison de tant par tribu. On peut donc voir dans ce collège une véritable représentation nationale. Il est possible que dans l'origine on ait essayé de soumettre au peuple lui-même les causes de ce genre, et que l'incommodité d'un tel procédé, l'incompétence de beaucoup de citoyens aient amené la création des centumvirs.

Bien qu'hypothétique, la théorie que nous présentons au sujet du tribunal centumviral est très-vraisemblable : elle explique toutes les singularités de l'institution, et la fait se lier intimement à la primitive constitution romaine. Cette cour nombreuse n'est pas une juridiction vulgaire, elle a une importance supérieure, un rôle tutélaire, elle est la gardienne de l'organisation sociale, la garantie couronnante donnée à la constitution.

67. *Tutelle et curatelle.* — Cette intervention intéressée des autres dans les affaires de chacun, dont nous venons de voir de remarquables exemples, a dû être à l'origine plus fréquente qu'on ne l'admet d'ordinaire. Il nous reste fort peu de monuments du premier droit romain, et les allusions des auteurs ne sont pas toujours claires. Nous pourrions cependant citer encore plusieurs espèces, nous nous bornerons à deux. Cette fois l'intervention ne vient plus du peuple entier.

La tutelle qui, chez nous, est exclusivement organisée dans l'intérêt du pupille, a dû être à Rome organisée d'abord aussi dans l'intérêt des agnats et des *gentiles*, pour sauvegarder leur droit éventuel de réversion contre les accidents d'une gestion inexpérimentée ou d'un complet défaut de gestion. Ainsi s'explique la vocation des agnats et des *gentiles* à la tutelle des impubères, et la faculté qui leur était accordée, à eux seuls, de céder

cette tutelle (Ulpien, XI, §§ 6, 7, 8. Avec le temps, l'intérêt des pupilles fut préféré, la vigilante volonté du
paterfamilias expirant put écarter ces tuteurs intéressés,
d'une manière si énergique qu'ils ne vinssent même
pas tant qu'un tuteur testamentaire pourrait être espéré.
La cession de tutelle fut en même temps abrogée par
l'usage. Pour la tutelle des femmes pubères, le caractère de l'intervention est encore plus manifeste. Les
agnats et les *gentiles* ne sont appelés que si la femme a
recueilli *ab intestato* des biens de famille : peut-être en
a-t-il été ainsi même pour la tutelle des impubères dans
le très-ancien droit. D'autre part, le sourd, le muet,
l'impubère peuvent recevoir l'avantageux fardeau d'une
semblable tutelle. Il est d'ailleurs certain que dans le
très-ancien droit il en était de même pour la tutelle des
impubères. Enfin, même à l'époque classique, la cession
est encore permise, et ce privilége est une preuve manifeste que l'intérêt en jeu n'est pas simplement celui de la
femme : on ne cède point une pure charge publique. La
persistance de l'ancien droit quant à la tutelle des
femmes a une raison excellente : au contraire de l'impubère, la femme non mariée était entourée d'un tel
réseau de précautions, que son patrimoine ne pouvait
manquer d'être un jour ou l'autre déféré par succession
aux agnats chargés, en attendant, de sa gestion ou de
sa surveillance.

Quant aux curatelles, leur but a également été double,
on n'admettait point l'intervention de tiers dans la gestion du patrimoine pour le seul avantage des individus
directement protégés en apparence. A l'origine, on
abandonnait à leur malheureux sort une très-grande
quantité d'incapables. Il n'y avait de soumis à la curatelle que les *furiosi* et les prodigues ayant reçu *ab
intestato*, comme *sui*, la succession de leur père ou de
leur aïeul. La formule de l'interdiction, indépendamment

du témoignage d'Ulpien (XII, § 3), est une preuve irrécusable de cette vérité. On n'interdit point tout prodigue, mais seulement celui qui dissipe les *bona paterna avilaque*, les propres, comme eussent dit nos vieux jurisconsultes, les biens sur lesquels les agnats, les *gentiles* ont un souvenir de communauté et un espoir de retour.

68. *De la communauté familiale.* — Nous avons vu comment de partage en partage on était arrivé de la propriété collective à la constitution de patrimoines individuels, comment les multiples formes d'indivision primitive se réfléchissaient dans un droit de retour, et dans une surveillance sévère destinée à en assurer les effets. Il nous faut montrer maintenant que, quand on parle de patrimoine individuel, il est nécessaire, comme on dit vulgairement, de parler bien vite. Le vice originel de l'organisation romaine a fait longtemps des droits individuels une chose purement apparente. L'individu reste écrasé sous l'unité fondamentale de la société, qui est, à Rome, non pas l'homme, mais la famille. Pour trouver de vrais patrimoines individuels par nature, il faut chercher le pécule *castrans*, et se transporter aux temps de l'Empire.

Quand on embrasse d'un regard superficiel l'ensemble de la famille, on est frappé de l'abîme qui semble exister entre le *paterfamilias* et les *filiifamilias*. Tandis que l'un est tout, les autres semblent n'être rien. La personne, le patrimoine, les dettes, les *sacra*, tout tient au chef et ne paraît tenir qu'à lui ; il aspire et condense en lui tout ce qu'il y a d'existence civile dans la famille. Veut-on approfondir ? Ces résultats apparents s'évanouissent, et on arrive peu à peu à une notion bien différente.

Le patrimoine, en effet, n'est pas affecté au seul chef de la famille, et la personne s'étend sur tous. Il y a seulement des nuances, d'ailleurs assez tranchées pour

faire croire d'abord à un complet disparate, dans les
rapports qui unissent les individus à la personne familiale et au patrimoine qui en dépend. Cette notion se
manifeste d'une manière de plus en plus nette à mesure
que l'on remonte de l'époque classique à l'époque primitive de la législation romaine.

69. *Suite.* — Nous pouvons, sans trop d'audace, poser
la thèse suivante. Il est probable que lors de la répartition première un patrimoine fut constitué à chacun des
guerriers, sans distinguer s'il avait ou non encore ses
ascendants : les liens de parenté directe ou collatérale
dès lors existants n'auraient eu que l'effet de créer la
gentilité. Les auteurs nous montrent le partage des
terres fait *viritim*, deux jugères pour chaque guerrier,
sans distinguer entre les pères et les fils : disons mieux,
pourquoi aurait-on distingué, puisque, l'organisation
artificielle de la famille n'existant pas encore, on était
sous le régime du droit naturel ? Mais l'affectation de la
personne, des *sacra*, du patrimoine, ne fut point faite
exclusivement au guerrier direct concessionnaire, elle
fut faite à sa descendance présente et future, civile ou
naturelle, comme formant avec lui une seule unité morale perpétuelle. Les tribus, les curies, les décuries, les
gentes, les familles sont des universalités douées de personne, et portant chacune un nom propre les distinguant de toutes les autres universalités du même ordre.

En même temps que le chef de la famille est investi
d'une magistrature domestique sur les individus, magistrature qui va jusqu'à pouvoir punir de mort, par voie
d'autorité politique plutôt que de puissance paternelle
ou maritale, magistrature appelée à survivre à la simple
puissance, il reçoit la mission de gouverner la personne
et le patrimoine, d'accomplir les sacrifices de la famille.
On ne pouvait tolérer que chacun agit en maître, et le
principe de l'unité d'action admis, il fallait la confier au

père : de là l'apparente omnipotence se manifestant dans tout l'ensemble du droit, et voilant le principe fondamental de la copropriété familiale.

70. *Suite.* — Est-ce à dire que ce principe soit complétement dissimulé ? Tant s'en faut ! La meilleure preuve que la constitution romaine n'absorbait pas la famille dans son chef, ne la négligeait pas pour celui-ci, c'est qu'elle s'en occupe sans cesse. Pourquoi compte-t-on, en effet, la moitié de biens toujours laissée aux *sui* dans la confiscation générale ? Pourquoi compte-t-on l'intervention permanente de la société dans les affaires privées, sinon comme une protection accordée à la famille, tout comme dans la dernière espèce, aux agnats et aux gentils ? En face d'une nombreuse et florissante descendance, la confection d'un testament instituant un étranger n'aurait point nui aux agnats et aux gentils, qui se seraient trouvés primés. Le peuple n'est-il pas cependant appelé à se prononcer même dans ce cas ? La loi curiate est-elle moins nécessaire ? C'est en vain que l'on invoque le texte fameux : *Uti legassit..., ita jus esto.* Il y a eu, en effet, dans le développement de l'institution des testaments un phénomène curieux. Quand le testament exigeait le concours effectif du peuple, il y avait, en effet, réellement *jus* après sa confection, puisque le *jus*, le lien, vient avant tout de la *lex*, le fait de lier la chose par excellence propre à créer le lien. Plus tard, quand la loi effective fut tombée en désuétude, la force du testament resta la même, mais la raison qui la justifiait disparaissant, il y eut là, en théorie, un véritable abus, une violation des principes fondamentaux de la constitution romaine. En pratique, le respect des institutions nationales, la pression de l'opinion publique, devaient rendre fort rares les exhérédations injustes et les omissions imméritées. On sait d'ailleurs comment des remèdes furent apportés à cet état de choses : l'*officium* *pietatis* n'est pas la seule raison qui exigeait aux yeux des Romains l'exhérédation formelle et justifiée des *sui*, nous sommes convaincu que l'idée de copropriété familiale a joué son rôle dans l'œuvre de restriction du *ita jus esto*.

Nulle part, en effet, mieux que dans la théorie des successions, soit testamentaires, soit *ab intestat*, on ne retrouve, persistante et vivace malgré les révolutions et les siècles, la copropriété familiale. Pourquoi ce nom de *suus*, si bizarre au premier abord ? pour marquer le le rapport d'appropriation qui unit le patrimoine et la personne familiale aux individus composant la famille. Pourquoi ces *sui* sont-ils *necessarii* ? parce que, étant placés à l'avance sous la personne, elle retombe naturellement sur eux quand celui qui la soutenait n'est plus : il n'y a pas état nouveau à créer par une adition, il y a un état ancien qui persiste. Pourquoi la loi des Douze Tables n'appelait-elle pas les *sui* à la succession d'une manière formelle, pourquoi se contentait-elle d'appeler les agnats dans la formule célèbre : *Si intestato moritur cui suus heres nec sit agnatus proximus familiam habeto ?* C'est que les *sui* n'avaient pas besoin d'être appelés, ils étaient là ! Il n'y avait pas besoin pour eux d'*adire*, de venir vers, de *succedere*, de s'avancer dessous, ils n'avaient qu'à ne pas bouger. Il n'était pas utile de leur déférer le patrimoine et la personne du défunt, ils les avaient, même de son vivant ! Gaïus (II, 157) disait d'eux : *Vivo quoque parente quodammodo domini existimantur.* — Paul (l. 11, D., *de liberis et postumis*, XXVIII, ii) était encore plus précis, plus énergique: *In suis heredibus evidentius apparet, continuationem dominii eo rem perducere, ut nulla videatur hereditas fuisse, quasi olim hi domini essent qui etiam vivo patre quodammodo domini existimantur : unde etiam filiusfamilias appellatur, sicut paterfamilias : sola nota hac adjecta, per quam distinguitur genitor ab eo qui genitus sit : itaque post mortem patris non hereditatem percipere videntur : sed magis liberam bonorum administrationem consequuntur : hac ex causa, licet non sint heredes instituti, domini sunt : nec obstat, quod licet eos exheredare, quod et occidere licebat.*

71. *Suite.* — On le voit, le patrimoine tenait un peu à tout le monde : au *pater* surtout, au *filius* à un degré moins sensible, aux *gentiles*, aux *curiones*, aux *tribuli*, et même à chaque *civis*, ou plutôt à la *civitas*. D'un tel régime, nous autres modernes, nous éprouvons une grande difficulté à nous faire des notions exactes. Ce n'est pas tout, non-seulement le peuple libre de Rome participait à cette communion, mais encore la population esclave n'en était pas absolument exclue. La personne familiale, en effet, ne couvrait pas seulement les membres citoyens, elle s'étendait aussi sur les esclaves de la famille. C'est ainsi que l'esclave était admis, dans certaines limites, à se servir de la personne pour l'avantage commun, c'est ainsi qu'il devenait *heres necessarius* quand il était institué par le maitre, c'est ainsi que dans le monde il portait pendant son esclavage le nom de ses maitres, et que, l'affranchissement survenu, il faisait civilement partie de la famille, dans le sens large du mot. Le rapport qui unissait ainsi l'esclave à la personne implique un rapport semblable entre le patrimoine et lui, mais les traces juridiques en sont rares, tout au plus pourrait-on en rapprocher la faculté de garder le pécule sans concession nouvelle, et par cela seul qu'on ne l'avait pas retiré en affranchissant.

Nous n'avons rien à ajouter après ce dernier trait, la physionomie primitive du patrimoine à Rome est suffisamment esquissée.

TITRE SECOND

MODIFICATION ET TRANSFORMATION DE L'ORGANISATION PREMIÈRE

72. *Des causes de modification.* — L'organisation romaine n'était pas tout entière artificielle, on retrouve même, en remontant le cours de l'histoire, des indices d'une filiation lointaine pour certaines de ses institutions (20). Le temps apporta cependant bien vite des modifications au premier état de choses, et ces modifications altérèrent quelquefois même ce qui était naturel, bien que portant surtout sur les règles factices.

La population romaine ne tarda pas à s'accroître dans de vastes proportions. Aux plébéiens peu nombreux du premier jour s'annexèrent de successives alluvions humaines, tandis que les patriciens, les hommes de pouvoir, les descendants des premiers *patres* n'augmentaient de nombre que par le moyen fort lent de la génération physique. Plus d'équilibre entre ces deux races,

---

(20) La science contemporaine, qui a étudié avec tant de soin la filiation des langues et des mythologies n'est pas aussi avancée en ce qui concerne le droit ; même en Allemagne où les jurisconsultes font volontiers de l'érudition, on commence à peine à soupçonner la communauté d'origine existant entre les législations les plus disparates, et à dégager des éléments adventices les institutions puisées à une source commune. Les hommes de Romulus étaient probablement des Pélasges, la légende fait sortir Albe de la grande capitale des Pélasges d'Asie. Cependant on ne voit guère de rapport entre les premières institutions romaines et ce qu'on peut glaner dans Homère sur les institutions de Troie. Il existe au contraire des analogies d'abord étranges entre la législation primitive de Rome et celle des tribus germaniques : c'est que là, peut-être, est le véritable rapport de filiation. L'influence étrusque a été prépondérante dans l'organisation de la cité romaine, Rome s'est modelée sur les républiques de la confédération tyrrhénienne. Or, en Étrurie, les éléments préhistoriques encore mal étudiés et les éléments sémitiques mis à part, il existait trois couches de populations bien certaines. D'abord une race à cheveux noirs, probablement ligure, qui a absorbé en se modifiant fortement les immigrations postérieures ; ensuite des Pélasges, enfin les Tuskes ou Étrusques proprement dits, les derniers venus, race conquérante descendue des Alpes Rhétiques. Il se pourrait fort bien que les entreprises des *Tedeschi* sur l'Italie ne datassent pas du Moyen Age et que les *Tuscî* aient été simplement les oncles des *Deutsche.* Des arguments très-sérieux militent en ce sens, et il est très-probable que l'archéologie et l'anthropologie auront bientôt ouvert cet horizon assez imprévu aux adeptes de l'histoire du droit.

plus de cette fraternité qui unit les compagnons d'armes, et surtout plus d'égalité de fortune : les nouveaux venus sont arrivés trop tard pour prendre part dans les biens conquis, ils ne peuvent obtenir que la sous-concession à titre précaire des terres conquises dans de nouvelles guerres, et directement concédées par le Sénat aux plus influents, aux patriciens surtout : ainsi s'organise la clientèle. En même temps la nécessité de s'armer et de faire la guerre à ses frais contraint nombre de citoyens à s'endetter, puis les conduit à la ruine. De nombreuses familles périssent, d'autres se multiplient avec fécondité. De toutes parts les cadres éclatent, la force des choses et du temps désorganise la machine compliquée de la cité romaine. En peu d'années on s'aperçut, en voyant fonctionner les institutions que l'une gênait, que l'autre remplissait mal son but. L'indifférence vint, le peuple se lassa de surveiller sans cesse chaque patrimoine : un grand progrès fut accompli, presque partout la fiction vint remplacer la réalité, les cérémonies primitives devinrent des symboles que l'esprit routinier et l'amour-propre national conservèrent ensuite indéfiniment. Il n'y avait presque pas de droit civil, à côté d'une imposante législation constitutionnelle : il naquit.

Un des côtés les plus particulièrement piquants et originaux du patrimoine romain disparut ainsi, un grand pas fut fait vers une organisation rationnelle. Des liens qui asservissaient à tous le patrimoine de chacun il ne restait plus que les traces. Désormais le patrimoine en lui même ne diffère plus d'une manière trop sensible de l'idée qu'on s'en fait aujourd'hui ; dans notre étude nous avons signalé en chaque circonstance les écarts du droit romain, et ces épisodes ne sont point trop nombreux. Nous nous garderons de revenir sur ces différences, elles nous ramèneraient à une étude achevée. Ce que nous voulons examiner maintenant, c'est la genèse des patrimoines individuels, dont la théorie, d'abord coexistante avec celle des patrimoines familiaux, a fini par la modifier et l'a remplacée dans les législations modernes.

73. *De la dualité des personnes.* — Les patrimoines individuels commencèrent à paraître et se caractérisèrent peu à peu à mesure que s'affermissait la notion de personne individuelle.

Les personnes individuelles semblent avoir toujours existé à Rome, elles furent seulement si rudimentaires d'abord qu'on a pu les négliger dans le tableau du droit sans y laisser un vide appréciable. De là vient qu'on a nié souvent la personne propre des esclaves. Elle existe cependant. En dehors de la personne familiale, dont l'esclave peut se servir dans l'intérêt de tous, il a sa personne à lui. A cette personne s'attachent les dettes délictuelles, qui suivent l'esclave de mains en mains et persistent après qu'il est affranchi : ainsi se légitime l'abandon noxal. A cette personne s'attache l'institution comme héritier, qui suit aussi l'esclave, mais d'autre part on tient grand compte en cette matière de la personne du maître : reppelons cependant l'espèce de l'institution *a domino*, où il est difficile de faire intervenir la *domini persona*. Le droit civil reconnaît encore que par convention l'esclave peut obliger et s'obliger naturellement : « *Servi*, dit Ulpien (l. 14, *de oblig. et act.*, XLIV, vii), *ex contractibus naturaliter obligantur et obligant* ». L'imperfection de ces personnes serviles se touche du doigt : en général l'esclave ne peut rien acquérir qui lui profite, tout tombe au pouvoir du maître. Il y a une exception cependant : l'esclave public peut acquérir, avoir un patrimoine et tester. C'est là probablement une idée qui mit longtemps à se faire accepter, tant elle sortait du cercle des notions reçues. L'époque classique nous la montre admise, c'est tout ce qu'on en sait.

Les esclaves de l'État se trouvaient ainsi dans une situation singulièrement supérieure à celle des esclaves privés. De véritables patrimoines individuels existaient pour eux, leur personne avait une puissance déjà grande, et à peu près intermédiaire entre celle des esclaves ordinaires et celle des hommes libres. Plus tard, quand on commença à repeupler avec des barbares les terres rendues désertes par la mauvaise administration de l'Empire et l'énormité des impôts, il y eut une classe nouvelle d'introduite, classe qui n'était point tout à fait libre ni tout à fait esclave, mais d'un état mitoyen d'ailleurs fort variable. Des patrimoines individuels assez analogues à ceux des esclaves publics existèrent alors en grand nombre. Toutes ces innovations ne portaient que sur des catégories particulières d'hommes, et on comprend qu'il n'en pouvait être autrement. Quant aux hommes libres, aux citoyens, la marche devait être la même, mais se continuer plus loin : on peut s'étonner seulement qu'elle n'ait guère été plus rapide.

74. *Suite.* — Chez les citoyens la dualité de personne est beaucoup plus évidente, et indéniable presque dès les premiers temps. En dehors de la personne familiale, chaque membre de la famille avait une personne particulière. Chez les *patresfamilias* il n'y a guère à distinguer, et on peut tenir les deux personnes pour confondues. Chez les *filiifamilias*, au contraire, il est très-utile de mettre la dualité en relief. Certains actes se font en vertu de la capacité familiale, d'autres en vertu de la capacité particulière de l'individu; certains droits, certaines dettes s'attachent à une personne, certains s'attachent à l'autre.

Au point de vue du droit public, la capacité particulière des *filiifamilias* n'était pas moindre que celle du père : il votait comme lui et les fonctions lui étaient accessibles. Les dettes délictuelles nées de son fait s'atta-

chaient plus à sa personne qu'à la personne familiale et
persistaient malgré la *capitis deminutio* : il pouvait donc
être légalement obligé par délits. On pouvait regarder la
proposition inverse comme à peu près exacte aussi :
l'action d'injures naissait au profit du fils de famille
injurié en même temps qu'au profit du père, seulement
elle était exercée par le père aux lieu et place des enfants.
C'était une règle que le fils de famille acquérait pour le
père et non pour lui-même. En matière contractuelle, la
personnalité propre se dégage également d'une manière
claire de la l. 141, § 2, *de verb. oblig.*, XLV, II : « *Pupillus
licet ex quo fari cœperit recte stipulari potest, tamen si in
potestate est ne auctore quidem patre obligatur : pubes vero
qui in potestate est proinde ac si paterfamilias obligari solet.
Quod autem in pupillo dicimus, idem et in filiafamilias
impubere dicendum est* ». La capacité du fils de famille
est pleine et entière, soit pour s'obliger, soit pour obliger
les autres. Rappelons seulement ici encore que le droit
acquis tombe sur-le-champ aux mains du père de famille ; le fils peut avoir des dettes, il ne saurait avoir
de patrimoine propre : preuve de plus que les dettes ne
rentrent point dans le patrimoine. Quant à la capacité
de s'obliger, n'oublions pas non plus les dispositions du
sc. Macédonien qui la restreignent dans l'hypothèse
déterminée d'emprunts de sommes d'argent.

Pour les filles de famille, c'est une question grave que
celle de leur capacité. On ne peut parler de capacité
politique pour elles ; quant à la personne civile, elle ne
s'est point pleinement manifestée tout d'abord et resta
toujours incomplète. A l'origine, leur personne ne paraît
guère moins rudimentaire que celle des esclaves : on la
saisit en matière de dettes délictuelles et de testaments,
mais en matière contractuelle elle ne se manifeste pas
encore. Plus tard, le progrès de la civilisation tendant à
mettre peu à peu les femmes sur le même pied que les

hommes, la capacité de contracter fut admise, dans les limites déjà marquées pour les fils de famille, et sauf quelques restrictions spéciales, restes de l'ancienne législation générale. Les filles de famille ne pouvaient notamment s'obliger par *dotis dictio* (21) ni en recevant un commodat (22), mais la capacité de s'obliger en général existait si bien qu'elles sont soumises par des textes formels aux règles du sc. Macédonien.

Le caractère original de toutes ces personnes individuelles est de ne point avoir de patrimoine. Elles sont des capacités, des êtres actifs, mais ce qu'elles produisent leur est d'ordinaire arraché sur-le-champ pour aller à la personne familiale. Elles n'arrivent pas à se constituer centres de droits actifs, ou bien ces droits appartiennent à la catégorie presque inerte des créances improprement appelées naturelles. Centres de droits passifs, au contraire, rien n'empêche qu'elles le soient : la personne familiale ne leur envie, ne leur arrache que ce qui pourrait leur faire un patrimoine.

Par une série de réformes, cet état de choses vraiment inique disparut, certaines classes de fils de famille purent avoir un patrimoine propre, plus tard ce qui était l'exception devint la règle, et du temps de Justinien, le droit commun est que les fils et filles de famille puissent avoir un patrimoine. Ainsi la dualité des personnes finit par aboutir à la dualité des patrimoines au profit des individus libres : seulement il fallut treize cents ans pour que l'évolution s'accomplît.

75. *Du pécule* castrense. — La première classe de fils de famille qui put avoir des patrimoines individuels fut celle des soldats. Quand dans Rome l'épée des généraux se fut substituée aux lois, les faveurs les plus exor-

---

(21) *Fragmenta Vaticana*, § 99.
(22) L. 3, § 4, Commod., XIII, 6.

bitantes furent accordées aux militaires : installés par la force, les empereurs avaient besoin de la force pour écarter les compétitions. A cet ordre de priviléges se rattache l'institution du pécule *castrans*. On n'en sait pas bien la date. L'opinion commune fait remonter la création de ces pécules à Auguste, et aux grandes distributions de terres qu'il fit à ses soldats. Dépouiller ses ennemis politiques, et même les indifférents comme Virgile, pour enrichir ses légions de leurs biens, n'aurait été qu'une demi-mesure si le bénéfice de telles spoliations était revenu aux pères des soldats. Le César n'eût pas retiré de ces générosités faites avec le bien d'autrui un fruit suffisant, s'il n'avait disposé que les terres ainsi distribuées seraient propres aux concessionnaires. Telle est l'origine probable (23) du grand mouvement qui finit par renverser le système d'absorption par la personne familiale.

Dans le droit classique le pécule *castrans* comprend tous les biens que le fils de famille a pu acquérir par suite de sa qualité militaire. Les économies faites sur sa solde, économies assurément faibles ; les parts de butin, source de fortune un peu plus sérieuse, les largesses des supérieurs ambitieux ou des princes reconnaissants, largesses souvent considérables (24) ; les dons faits même par des particuliers *ex causa militari*, chose beaucoup plus rare, forment un patrimoine individuel assez peu différent des patrimoines familiaux quant à sa composition et aux phénomènes de son évo-

(23) Il n'y aurait rien d'extraordinaire cependant à ce que César et Sylla, grands distributeurs de terres eux aussi, aient donné l'exemple à Auguste. L'inconvénient du système qui faisait bénéficier le père des avantages concédés aux fils dut frapper dès le premier jour, et on dut lui chercher aussitôt un remède.

(24) L'histoire romaine n'a pas beaucoup de pages plus fameuses que celle de la mise de l'Empire aux enchères : nul n'a oublié le prix énorme payé par le dernier et plus offrant enchérisseur, et l'empressement avec lequel les prétoriens alléchés rendirent la place de nouveau vacante.

lution. Ce patrimoine peut comprendre des droits de propriété et de créance, ses éléments se remplacent par subrogation selon la théorie que nous avons formulée ; l'action de la personne sur lui est à tous les égards celle dont nous avons fait l'étude : il faut seulement remarquer que cette personne n'étant pas familiale, et l'homme n'étant point *paterfamilias*, la mise en mouvement ne peut être opérée par les membres d'une famille qui ne peut exister. Les droits des créanciers sont poursuivis par les voies ordinaires et trouvent pour gage l'universalité des biens. Le fils de famille peut ainsi ester en justice soit en défendant, soit même en demandant, il a une complète liberté de disposition sur ses biens, aliène et s'oblige ; le père de famille n'a aucun droit d'intervention dans ses actes ni de disposition ou de jouissance sur ses biens. Enfin, phénomène très-rationnel mais bien curieux, des rapports d'obligation peuvent exister entre la personne familiale et chaque personne individuelle des fils de famille ou entre celles-ci.

On a signalé une différence essentielle entre le pécule *castrans* et les patrimoines familiaux : le pécule *castrans* n'était pas susceptible à l'origine de se transformer en hérédité par la mort du fils de famille, et les biens qui le composaient tombaient alors dans le patrimoine familial exactement comme ils y seraient tombés d'abord si le fils n'avait pas été militaire. Le fait est exact, l'appréciation l'est moins. La différence signalée tient plutôt aux personnes qu'aux patrimoines. Il n'y a vraiment d'hérédité possible que s'il y a des héritiers, et il n'y a point d'héritiers sans continuation de la personne. Nous sommes donc amené à présenter l'idée sous cette autre formule : la personne individuelle ne se transmet pas. Rien d'ailleurs n'est plus logique, plus naturel, car encore une fois Pierre n'est pas Paul, Louis n'est pas Philippe, et d'autre part les raisons qui faisaient

admettre la transmission de la personne familiale, qui
même la légitimaient souvent, font ici tout à fait défaut.
Point de copropriété, point de *sacra* devant être perpé-
trés par la même personne. Cet état de choses dura peu
d'ailleurs.

Renchérissant sur la faveur primitivement accordée,
Adrien admit que le patrimoine individuel pourrait être
transmis à titre d'hérédité testamentaire : en d'autres
termes, la personne put recevoir un continuateur par
testament. L'institué viendra se placer sous la personne,
fera addition, jamais il ne pourra être directement et
involontairement investi, car jamais il n'est *suus*, jamais
il n'est placé dessous à l'avance, et c'est un caractère
distinctif de la succession des *filiifamilias*. Si le fils
de famille n'a pu ni voulu tester, rien n'est changé
par Adrien au droit qui existait avant lui. Le père re-
cueille les biens *jure peculii, non jure hereditario;* l'homme mort tout est mort, personne et patrimoine. Chose
toute simple que cette différence entre les deux modes
de succession. En matière testamentaire, ce qui est considéré c'est la volonté, et il était naturel de tenir compte
de celle du fils qui ne dépouillait personne, puisqu'on
tenait bien compte de celle du père qui dépouillait en
testant ses copropriétaires. Sans testament, au contraire, comment légitimer la succession ? Par une idée
de copropriété ancienne ? Impossible, jamais agnats,
jamais gentils n'avaient eu de droits sur le patrimoine
castrans ! Il aurait fallu invoquer une idée qui com-
mençait à s'introduire pratiquement dans le système
civil des successions, celle de parenté selon le sens
physiologique du mot : on préférait regarder simplement
la faveur accordée au militaire comme retirée quand il
mourait *intestat*, la famille civile dont les droits avaient
été écartés les reprenait tout entiers, les règles des
pécules ordinaires s'appliquaient.

C'est Justinien qui fit triompher la doctrine de la transmission *ab intestat* aux héritiers de la famille naturelle. Les descendants sont appelés d'abord, puis les frères et sœurs du défunt, enfin viennent les ascendants. Ceux-ci sont appelés *jure communi,* les deux premières catégories le sont *jure successionis.* Que veut dire *jure communi?* Pour Théophile, cela signifie *jure peculii :* d'où ce résultat bizarre que l'aïeul est préféré au père, parent plus proche, mais non chef de famille. Pour certains commentateurs modernes, cela signifie *jure successionis;* et, en effet, à cette époque, la transmission des autres pécules, dont nous ferons bientôt l'étude, avait lieu par succession : c'était là le nouveau droit commun. Il est probable que Théophile, contemporain et très-bien placé pour savoir, ne s'est point trompé; l'anomalie d'un patrimoine suivant des voies de dévolution différentes selon les parents laissés n'a rien de trop énorme à une époque de transition : c'était, dans l'hypothèse d'un *intestat,* la dualité de système qui existait avant entre les deux hypothèses de l'*intestat* et du testateur. Enfin, quand l'ancien système des successions fut jeté à bas d'une seule pièce par la novelle 118 et remplacé par un autre dont la base était non plus la famille politique et civile, mais la famille du sang, l'anomalie signalée disparut elle-même, et ce fut justice.

76. *Pécule* quasi castrans. — Il y eut deux phases dans l'empire romain, celle où l'on avait tantôt peur et tantôt besoin des soldats, l'époque du despotisme militaire, l'époque césarienne, et celle où les empereurs étaient plutôt faits et défaits par des intrigues de cour, presque de sérail, l'époque du despotisme régularisé, du despotisme héréditaire et chrétien, l'époque byzantine. La première avait créé le pécule *castrans,* pécule militaire, la seconde créa le pécule *quasi castrans,* pécule de cour. Constantin assimila tous les officiers du palais aux membres de l'armée, et ils étaient une armée eux-mêmes : ainsi s'élargit la classe déjà grande des fils de famille qui pouvaient avoir un patrimoine. Plus tard tous les fonctionnaires impériaux jouirent du même privilége.

La composition du pécule *quasi castrans* est semblable à celle du pécule *castrans* : il comprenait les économies et les dons. Quant au pouvoir du fils de famille sur lui, ils étaient ceux du père de famille. Une différence existait cependant entre ces patrimoines et ceux des soldats : l'homme de guerre pouvait toujours, à cette époque, se faire un héritier par testament, jusqu'à Justinien l'homme de cour n'eut ce pouvoir que dans des cas exceptionnels. Justinien lui permit d'une manière générale de faire un testament (§ 6, *de test. milit.*, Inst., II, 11), et il est probable qu'en créant la succession *ab intestat* au profit des militaires, il assimila le pécule *quasi castrans* au pécule *castrans*. La novelle 118 fut enfin, sans nul doute, applicable aux patrimoines individuels de toute catégorie et acheva l'unification.

77. *Du pécule adventice.* — Jusqu'ici les patrimoines individuels se sont montrés à nos yeux comme des institutions de faveur, comme des priviléges accordés seulement à certaines classes. Les empereurs avaient plutôt comblé certains hommes de leurs bienfaits, qu'entrepris de renverser la vieille iniquité dont souffrait l'universalité des fils de famille. Constantin a le mérite d'avoir commencé la réforme générale. Il soustrait au père de famille les biens avenus au fils par la mort de sa mère (l. 1, C., *de bon. mat.*, VI, 60). Dès ce moment, tout fils de famille, qui plus est, toute fille en puissance, put avoir un patrimoine individuel, et l'essor fut donné à leurs personnes. C'était tout une révolution dans la matière des patrimoines. Désormais il n'était plus vrai que les personnes en puissance fussent sans biens, et d'autre part l'enfant cessait d'acquérir toujours pour son père. Honorius et Arcadius allèrent plus loin. Toute acquisition à titre gratuit faite par l'enfant tomba dans son patrimoine propre au lieu d'aller enrichir le père, à condition d'émaner soit de la mère, soit des ascendants maternels. C'était davantage, ce n'était pas encore assez. Les successions, les dons venant d'étrangers continuaient à bénéficier au père, à échapper au fils de famille. Théodore et Valentinien firent tomber dans le nouveau pécule les dons et legs faits par le conjoint et le fiancé (cc. 1 et 5, C., *de bonis quæ liber.*, VI, 61). Justinien couronna l'œuvre (c. 6, *cod.*). Tous les biens que l'enfant, de l'un ou de l'autre sexe, a reçus d'étrangers, lui sont désormais propres. A partir de ce moment toutes les acquisitions à titre gratuit faites par les fils de famille tombèrent en principe dans ce que les commentateurs appellent le pécule adventice; les biens donnés par le chef de famille restèrent seuls soumis à l'ancienne législation. C'était, à bien prendre, le complet renversement de l'ancienne théorie dans tout ce qu'elle avait d'injuste, car si les biens venant d'ailleurs que des concessions du père pouvaient être sans crainte attribués au destinataire, on n'eut pu sans inconvénient attribuer de même à titre définitif ceux que le père concédait. Bientôt, en effet, nous verrons que ces concessions n'étaient pas nécessairement des libéralités dans l'esprit du chef de famille, mais plutôt un moyen commode de répartir l'administration de sa fortune entre plusieurs mains vigilantes.

Le pécule adventice n'a jamais constitué un patrimoine conforme au type normal : il s'en est beaucoup plus écarté que les autres pécules. Les fruits, au lieu de l'augmenter et d'appartenir au même propriétaire que les choses frugifères, devenaient la propriété du père, sauf certaines hypothèses exceptionnelles (Nov. 117, ch. 1 ; nov.

118, ch. 2). Non-seulement la règle *fructus augent universitatem* n'est pas applicable, mais encore par une exception corrélative, l'administration est confiée au père de famille. Le père jouit d'un pouvoir absolu quant aux actes de simple administration ; quant aux actes de disposition, il ne peut rien faire que d'accord avec son fils, il ne peut davantage ester en justice. Au reste, les actes une fois faits, les phénomènes de la vie du patrimoine s'accomplissent conformément au droit commun. Ce qui se passe est à peu près juste l'inverse de ce qu'on voyait autrefois, le père se sert de la personne du fils pour gérer les biens du fils, comme jadis le fils se servait de la personne du père pour gérer les biens du père.

Le pécule adventice fut d'abord complétement intransmissible, la personne du simple fils de famille, ni militaire ni fonctionnaire, ne pouvait recevoir de continuateur d'aucune sorte : le testament était interdit, et il n'y avait pas de succession. Justinien améliora cet état de choses. Avant lui les biens appartenaient *jure peculii* au chef de la famille, sauf une exception relative aux *lucra nuptialia*. Quant à ceux-ci, Théodose et Valentinien avaient organisé une dévolution successorale, appelant d'abord les descendants, et à leur défaut le père, l'aïeul n'ayant jamais que l'usufruit comme chef de famille (c. 3, C., *de bon. quæ lib.*, VI, 61). Léon et Anthémius intercalèrent entre la vocation des enfants et celle du père celle des frères et sœurs (c. 4, C., *cod.*). Justinien, par degrés (c. 11, C., *comm. de succ.*, VI, 59 ; c. 6, § 1 C., *de bon. quæ lib.*) fit la règle de ce qui avant lui n'était que l'exception : mais il n'alla point jusqu'à permettre de tester.

Une singularité de pécule adventice, c'est que le fils de famille ne le conservait pas tout entier en cas d'émancipation. Constantin s'était contenté d'une demi-mesure :

il donnait un patrimoine aux personnes en puissance, mais il ne leur en laissait pas la jouissance : le père de famille aurait eu dès lors intérêt à ne jamais abandonner sa puissance. Pour ne pas arriver indirectement à empêcher les émancipations, Constantin permit au père de retenir un tiers du pécule (c. 6, § 3, C., *de bon. quæ lib.*). Justinien lui ôta ce tiers en propriété pour lui donner une moitié en usufruit.

Tel est le dernier état du droit romain : on voit combien il est loin du premier. Les patrimoines individuels sont devenus aussi importants en nombre et en valeur que les patrimoines familiaux, la notion primitive de ceux-ci s'est totalement modifiée, et on sent une tendance déjà très-forte vers ce qui existe aujourd'hui : la fusion ne s'est point faite, mais elle se fait et chaque jour l'accentue.

TITRE TROISIÈME

DES PÉCULES

78. *De l'intervention des* alieni juris *dans la gestion du patrimoine familial.* — Nous n'aurions point fait voir le droit romain dans toute l'originalité de son organisation factice si nous n'avions écrit ce dernier livre. Bien souvent nous avons fait allusion à l'intervention des personnes en puissance dans le maniement de la personne familiale et dans la gestion du patrimoine : nous allons en quelques traits esquisser cette théorie et combler le vide que son défaut laisserait dans le tableau du patrimoine romain.

Nous verrons d'abord comment les *alieni juris* acquièrent pour le patrimoine, puis comment ils le grèvent ou le diminuent et engagent la personne, enfin nous ferons la théorie des pécules, où ces principes agissent et prennent vie.

79. *De l'acquisition par les* alieni juris. — Tant qu'il s'agit d'acquérir simplement, l'*alieni juris* a toute aptitude à se servir de la personne. Quand Stichus fait ce qui rendrait propriétaire un chef de famille, l'acquisition se produit, et cela que le maître veuille ou ne veuille pas. L'esclave, le fils de famille acquièrent ainsi par mancipation, par occupation, pour le compte du patrimoine familial, sans même que le chef de famille puisse les désavouer : s'il est mécontent, il sera obligé de désagréger du patrimoine la chose agrégée malgré lui, et cela sans effet rétroactif. En pratique, on comprend que cela devait être rare ! Deux modes d'acquisition de propriété, l'adjudication et l'*in jure cessio*, étaient cependant impraticables aux *alieni juris*. Quant à la possession, deux conditions. D'abord il faut que l'*alieni juris* soit possédé lui-même : d'où l'on concluait que l'esclave donné en gage (l. 1, § 15, *de acq. vel amitt. poss.*, XLI, 2), l'esclave vivant *in libertate* (l. 31, § 2, *de usurp. et usucap.*, XLI, 3), ne peuvent servir à l'acquisition de la possession. Mais cette première condition, absolument artificielle, ne se maintint pas, si elle constitue le droit ancien, on ne s'étendit pas, si elle est accidentelle dans le droit romain, car les dérogations abondent. Pour l'esclave fugitif, non possédé pour un tiers, pour celui dont l'état est en suspens, on admit après controverse la possibilité d'acquérir (l. 1, § 14, *de acq. vel amitt. poss.* ; l. 25, § 2, *de lib. caus.*, XI, 12). Pour le fils et la fille de famille, pour la femme *in manu*, pour la personne *in mancipio*, qui ne sont point possédés, on admit également la possibilité d'acquérir par eux, non sans avoir d'abord douté (l. 1, § 8, *de acq. et amitt. poss.*; Gaïus, 11, 90). Il était difficile de ne pas en venir là du moment qu'on admettait la possibilité d'acquérir la possession par un tiers mandataire. La seconde condition était relative à l'*animus* : il fallait *animus* chez le chef de famille, mais cette condition n'était pas davantage rigoureuse. La doctrine regardait comme valable sans *animus* spécial toute acquisition *ex causa peculiari* ; la volonté du chef se sous-entend dans chaque acte et suffit, elle s'est manifestée à l'avance et en bloc par la concession du pécule.

La propriété et la possession ne sont point seules susceptibles d'être acquises, il en est de même des hérédités. Il faut ici la volonté toujours expresse du chef de famille, non point à cause de l'acquisition, mais à cause des dettes qui suivent la personne et arrivent en même temps que le patrimoine.

Quant aux obligations, elles sont aussi susceptibles d'être acquises par l'initiative des *alieni juris*. L'esclave stipule valablement en se servant de la personne du maître, et cette capacité d'emprunt se retrouve à sa disposition chaque fois qu'il s'agit d'obliger autrui par des moyens quelconques. Il en est de même du fils de famille, mais il y eut probablement quant à lui deux époques. Dans la première il acquiert l'obligation comme l'esclave, en se servant de la personne familiale ; dans la seconde, celle du droit classique, on peut soutenir qu'il se sert de sa personne individuelle, mais que son impuissance à conserver des biens, à avoir un patrimoine propre, laisse tomber l'obligation aussitôt acquise dans le patrimoine familial. Rappelons que du délit souffert par le fils naît ainsi une créance qui passe sur-le-champ au père, et distincte de celle qui compète directement à celui-ci.

80. *Comment les personnes en puissance peuvent engager la personne familiale.* — Nous savons quelle était la capacité de l'esclave, du fils de famille, pour s'engager eux-mêmes. Il faut voir dans quelle mesure ils peuvent engager la personne familiale.

Tout d'abord les délits créent de véritables dettes civiles. Le chef de famille est responsable, quitte à se libérer par la *noxæ dedilio*. Par les contrats de la personne *alieni juris*, aucune dette civile, au contraire, n'est créée; mais, en droit prétorien, la dette existe et les actions *adjeclitiæ qualitatis* en constituent la sanction. Supposons que Titius ait ordonné à son esclave Stichus ou à son fils Mœvius de traiter avec un tiers, le tiers aura contre Titius l'action née du contrat, mais avec le caractère prétorien et l'épithète *quod jussu*. Stichus, Mœvius ont-ils traité sans ordre, mais Titius a-t-il profité des suites du contrat? Ici l'action prendra une autre épithète *de in rem verso*, et Titius ne pourra être condamné au-delà de l'avantage recueilli par lui. Dans le premier cas les *alieni juris* se sont servis de la personne familiale avec l'autorisation du chef, dans le second ils se sont passés d'assentiment: prétoriennement cette personne n'en est pas moins liée, pas moins débitrice, pas moins soumise à l'action du contrat: la grande différence est le maximum jusqu'à concurrence duquel elle est tenue. Si l'*alieni juris* avait un pécule, les actions *institoria et exercitoria, de peculio et tribulolia*, viennent sanctionner dans des limites différentes la dette créée au détriment de la personne familiale par l'*alieni juris*.

L'esclave, le fils de famille ne sont donc pas simplement aptes à user de la personne familiale à son avantage, ils peuvent aussi s'en servir à son détriment, l'obliger par leur volonté, soit simple, soit doublée de celle du maître ou du père. Ces faits sont même d'une fréquence quotidienne, car à chaque instant, alors comme aujourd'hui, des commissions étaient confiées aux gens de la maison: à eux revenaient tous les menus détails de l'administration domestique et du ménage. Mais l'importance et la fréquence de ces actes était bien augmentée quand il y avait concession d'un pécule, surtout commercial.

31. *Du pécule.* — L'organisation économique de Rome

était singulièrement loin de la nôtre : l'existence de l'esclavage en était le pivot nécessaire. L'industrie, méprisée par ce peuple de guerriers, ou, pour être vrai, de pillards, était aux mains des esclaves. Hors les affranchis, peu d'ouvriers libres, et mêmes peu d'artistes. Esclaves les sculpteurs et les peintres, esclaves aussi les professeurs et les médecins. Des capitaines esclaves commandaient les navires marchands, montés par des équipages esclaves. Esclaves encore les commerçants ; les hommes libres dédaignaient les détails du commerce, tout au plus daignaient-ils être usuriers, et faire marché d'argent. L'agriculture enfin, d'abord honorée, lassa les bras des Romains, et le travail esclave créa aux classes rurales libres une concurrence telle qu'elle les fit disparaître. Toute l'immense masse des transactions était ainsi aux mains d'*alieni juris*. Devant ce tableau nous comprenons mieux l'importance de la théorie comprise dans les deux précédents paragraphes, et celle des pécules.

Les pécules sont antérieurs à la Rome impériale, dont nous venons de dépeindre l'état social, mais c'est à cette époque qu'ils acquirent leur plus grande importance. A l'origine, dans Rome petite et pauvre, il n'y avait ni tant d'esclaves, ni tant d'industrie, ni tant de commerce. Il y avait cependant des pécules, car le dédain des Romains pour le travail a toujours existé, et les a portés à faire exercer les métiers et le commerce par leurs esclaves, à qui des pécules étaient constitués à cet effet. D'autre part les pécules de fils de famille remontent aussi à la plus haute antiquité : le chef de famille devenu vieux et infirme, impuissant à gérer ses affaires, les remettait volontiers aux mains de ses enfants en leur divisant la gestion. Enfin, dans les rapports de patron à client, il a peut-être existé de véritables concessions de pécule.

Le pécule est une portion du patrimoine familial dont la gestion était confiée par le chef de famille à une personne placée sous sa puissance. De là le nom même de *peculium* qui est un diminutif de *pecunia*. Il ne suffit point que l'*alieni juris* se saisisse d'une portion du patrimoine et se mette à la gérer pour qu'il y ait pécule, une expresse concession du chef est exigée (l. 4, pr., *de peculio*, XV, 1). Ce n'est pas même assez d'une concession purement consensuelle, il faut que le pécule ait été matériellement, s'il est possible, détaché du reste des biens et livré; Paul (l. 8, *eod.*) dit : « *Desiderat enim res naturalem dationem* ». Une telle concession peut être faite aux fils de famille, et sans nul doute à la femme *in manu*, à l'homme libre *in mancipio* ; elle se fait aussi aux esclaves, et la loi 1, § 6, nous la montre faite même à un esclave commun, même à un homme libre ou à un esclave d'autrui possédés de bonne foi.

Entre un pécule et un patrimoine il y a les plus intimes analogies. Si on laisse de côté toutes les questions où la personne est considérée, la ressemblance est presque une complète similitude. Le pécule est une universalité de droit, comprenant des biens plutôt que des choses matérielles. Tous les éléments qui peuvent entrer dans un patrimoine, tous ces éléments peuvent concourir aussi à sa composition. Ulpien, l. 7, § 4, nous dit : « *In peculio autem res esse possunt omnes, et mobiles, et soli : vicarios quoque in peculio potest habere, et vicariorum peculium : hoc amplius, et nomina debitorum* ». Quant aux phénomènes de vie signalés dans le patrimoine, nous les retrouvons dans le pécule : « *Peculium nascitur*, dit Marcien dans la loi 40, *crescit, decrescit, moritur : ideo eleganter Papirius Fronto dicebat peculium simile esse homini. Quomodo autem peculium nascitur, quæsitum est. Et ita veteres distinguunt : si id adquisiit servus, quod dominus necesse non habet præstare, id esse peculium; si vero lunicas, aut aliquid simile, quod ei dominus necesse habet præstare, non esse peculium ; ita igitur nascitur peculium ; crescit, cum auctum fuerit ; decrescit, cum servi vicarii moriuntur, res intercidunt ; moritur, cum ademptum sit ».* Toute la théorie de la subrogation des éléments est également applicable au patrimoine et au pécule, il n'y a de différence entre eux que dans le jeu de la personne, toujours produit ici par une volonté qui n'est pas celle du chef de famille.

Dans le pécule, en effet, on ne voit le chef de famille intervenir qu'une fois, dans la constitution. Il donne un consentement en blanc, dont la volonté de l'*alieni juris* comblera les lacunes. Le fils, l'esclave organise et gère ainsi à son gré une entreprise industrielle, commerciale, agricole, achète, vend, devient créancier, oblige la personne familiale, sans que le chef ait même besoin de savoir ce qui se passe, encore moins de l'autoriser en détail. L'usage de la personne familiale est accordé à l'*alieni juris* d'une manière générale ; s'il abuse, on lui retirera son pécule, et les châtiments ne se feront pas attendre. Au reste, ce n'est pas toujours simplement de la personne familiale que l'*alieni juris* fait usage : pour le fils de famille tout au moins, et à l'époque classique, on voit la personne individuelle si bien entrer en jeu qu'Ulpien peut dire dans la loi 44 : « *Si quis cum filiofamilias contraxerit, duos habet debitores : filium in solidum et patrem dumtaxat de peculio* » ; et Paul dans la loi suivante : « *Ideoque, si pater filio peculium ademisset nihilominus creditores cum filio agere possunt* ». La même idée nous fait comprendre comment l'esclave qui a un pécule et le maître peuvent s'entre-devoir, et aussi différents esclaves d'un même maître, par exemple l'*ordinarius* et ses *vicarii*. C'est que la personne familiale communiquait de sa force à la personne individuelle, comme un aimant joint à un morceau d'acier inerte lui communi-

que la sienne pendant la durée du contact. La comparaison peut se pousser plus loin ; par une longue influence le morceau d'acier acquiert une certaine force
magnétique : c'est ainsi que les personnes individuelles
finirent par acquérir une puissance de plus en plus
grande, et les pécules propres dont nous avons fait l'é-
tude comme patrimoine naquirent du pécule ordinaire
par l'effet même de ce progrès.

Poitiers. — Imprimerie de MARCIREAU & Cᵉ